# 교사의 말

10대의 학습과 행동을 변화시키는
교실대화의 기술

# 교사의 말

### 10대의 학습과 행동을 변화시키는
### 교실대화의 기술

마이크 앤더슨 지음
이석영·나은진·최희진·정경아·이지현 옮김

WHAT WE SAY AND
HOW WE SAY IT
MATTER.
TEACHER TALK THAT IMPROVES
STUDENT LEARNING AND BEHAVIOR.

교육을바꾸는사람들

# 추천사

교사라면 누구나 캐롤 드웩(Carol Dweck)의 성장관점(growth mindset) 연구에 대해 알고 있지만, 그럼에도 우리는 학생들 앞에서 고정관점(fixed mindset)을 체화한 표현을 서슴없이 쓰곤 한다. 이 책은 교사로서 어떤 마음가짐, 어떤 태도, 어떤 대화기술을 길러야 하는지 다시 한번 상기시켜준다.

- 앤젤라 어프론티(Angela Affronti), 교사


경력교사로서 이런 책이 조금 더 일찍 나왔다면 좋았으리라 생각한다. 이 책은 교사가 말하는 방식을 바꾸면 학생들이 주체적으로 권한을 갖고 학습할 수 있다고 말한다. 교사는 물론이고 학교장, 교감, 보조교사까지 모든 '가르치는 사람'에게 강력 추천한다.

- 앤젤라 S.(Angela S.), 교사

교사연수 전문가로서 수많은 교사와 이 책으로 스터디를 진행했다. 많은 교사가 이 책을 통해 말의 힘을 깨닫고, 성장관점에 기반한 언어를 쓰게 되었다고 고백했다. 전문가답게, 교육자답게 학생들과 소통하는 방법을 알려주는 책이다.

- 패트릭 쇼(Patrick Shaw), 교사연수 전문가

주위를 둘러보면, 학생들과 대화를 나눌수록 갈등의 골이 깊어져 힘들어하는 동료들이 많다. 그 과정에서 학생과 교사 모두 서로 존중받지 못한다고 느끼고 상처를 입는다. 불손한 태도를 보이거나 교사와의 대화를 거부하는 학생일수록 실제로는 교사의 따뜻한 한 마디가 더욱 절실한 아이들이고, 존중받는 경험이 필요하다는 저자의 지적에 깊이 공감한다. 학생과의 대화를 힘들어하는 모든 교사들께 이 책을 권한다.

- 김경은, 서울성북강북교육지원청 성북Wee센터 교사

아이들은 교사의 말 한마디에 용기와 자신감을 얻기도 하지만, 씻을 수 없는 상처를 입기도 한다. 교사가 좋은 의도를 가지고 습관처럼 건네는 말이 학생에게는 전혀 도움이 되지 않을 수도 있다는 '불편한 진실'을 이 책은 결코 무겁지 않은 톤으로 일깨우면서 다양한 예시를 풍부하게 제공한다. 아이들의 성장을 보다 올바른 방법으로 한껏 북돋워주고 싶은 동료교사들에게 일독을 권한다.

- 조병화, 군포화산초등학교 교사

# 감사의 말

교사의 말에 관한 생각을 정리할 수 있게 해준 연구자들에게 감사를 전한다. 피터 존스튼(Peter Johnston), 제인 넬슨(Jane Nelson), 알피 콘(Alfie Kohn), 로스 그린(Ross Greene)의 연구가 이 책의 바탕이 되었다. 학생의 성장, 가르친다는 행위, 그리고 교실언어에 대한 이분들의 통찰과 경험은 내가 교사로서 발전하는 데 큰 영향을 끼쳤다.

특별히 루스 차니(Ruth Charney), 말린 클레이튼(Marlynn Clayton), 그리고 폴라 덴튼(Paula Denton)에게도 감사를 전한다. 이분들의 글, 협력, 전문성, 코칭, 멘토링, 그리고 우정이 오늘의 나를 만들었다.

이 외에도 이 책을 쓰는 데 중요한 영향을 준 사람들이 너무나 많다. 바바라 밀리킨, 크리스 홀, 키트리 도허티, 린지 랜저, 그리고 이언 플레이셔를 포함한 많은 교사들은 교사의 언어가 아이들의 학습과 성장에 어떤 영향을 끼치는지 깊이 생각하는 데 도움을 주었다. 이분들의 격려와 지원, 그리고 함께 나눈 수많은 대화는 책의 구체적인 내용을 다듬어가는 데 큰 도움이 되었다. 어머니 수전 트래스크와 아내 헤더 앤더슨, 그리고 두 아이 칼리와 이든 또한 이 주제에 관한 수많은 대화를 참아내면서(즐겼다고 해주길 기대하지만) 도와주고 지원하는 데 아낌이 없었다. 심지어 우리 집 개 올리브도 중요한 역할을 해주었는데, 내 이야기를 잠자코 들어주고 글쓰기가 힘들어질 때 머리를 식힐 수 있도록 산책할 기회를 주는 등 커다란 도움이 되었다.

초고를 읽어준 쇼나 코폴라, 앤디 두시스, 홀리 마틴, 그리고 아버지 마리온 앤더슨께도 감사를 전한다. 이분들의 직설적이고 진솔한 피드백이 큰 도움이 되었다. 마지막으로 ASCD의 탁월한 편집자 지니 오스터택, 리즈 웨그너, 그리고 ASCD 출판팀 전체에 감사드린다.

# 차례

# 교사,
# 무엇을
# 어떻게
# 말할까

# 01

이 책은 교사의 언어에 관해 다룬다. 구체적으로는 교사가 학생들을 대할 때 어떤 언어습관과 패턴을 사용하는지에 대해 이야기한다. 교사는 습관과 패턴에 의지해 말할 수밖에 없게 돼 있다. 해야 할 일이 너무 많아서 그 다음에 무슨 말을 할지 의식적으로 생각할 여력이 없기 때문이다. 이를테면 교사들은 말을 하면서 다음 단계 활동을 생각해야 하고, 한쪽 눈으로는 수업을 못 따라오고 있는 학생들을 눈여겨보면서 다른 쪽 눈으로는 시계를 봐야 한다. 갑자기 교내방송이 나오는 바람에 흐트러진 면학 분위기를 다시 조성하고, 아침에 받은 어느 학부모의 이메일에 대해 잠깐 생각하는 한편, 질문을 하려고 손을 들어올린 학생들을 신경 써야 한다. 이 모든 일이 눈 깜짝할 새에 일어난다.

보다 구체적으로 말하면, 이 책은 교사의 언어가 과연 의도한 대로 바르게 전달되고 있는지를 살핀다. 결국 우리 모두 학생을 위해 긍정적인 의도와 목표를 품고 있지 않은가? 교사는 학생들이 도덕적 판단에 따라 온종일 열정적으로 배우고, 바람직한 상호작용에 참여하며, 긍정적이고 적절하게 행동하기를 바란다. 오늘날 교육학계에는 교수법에 관한 다양한 견해와 토론이 존재하지만, 대부분의 교육자들이 위에 열거한 것들을 공통의 핵심 가치로 꼽는다. 즉, 모든 교사는 아이들에게 최선이라고 생각되는 것을 원한다.

하지만 우리 모두 최선의 의도와 어울리지 않는 언어패턴을 구사할 때가 있다. 심지어 학생들을 위해 최선이라고 알고 있는 것과는 정반대의 언어습관이 생기기도 한다. 이와 관련해 내가 겪은 일을 하나 풀어놓으려고 한다.

교직에 입문한 첫 해가 끝나갈 무렵, 나는 문득 당시 내가 가르치던 4학년 학생들로부터 피드백을 받고 싶었다. 그래서 나를 평가하는 평가지를 만들어 학생들에게 주고, 솔직한 피드백을 달라고 요청했다. 학생들을 평가할 때 사용하는 평가지 형식을 본따 만든 것이었지만, 세부적인 평가 항목은 학생용과 확연히 달랐다. 마지막 부분에는 아이들이 나에 대해 어떻게 생각하는지를 서술형으로 쓸 수 있도록 해두었는데, 긍정적인 의견이 대부분이었다. 하지만 한 아이의 답변이 나의 허를 찔렀다.

제나는 평소 매우 사려 깊고 용감한 학생이었다. 그리고 나와 친밀한 관계를 형성하고 있다고 믿었던 학생이었다. 하지만 그 아이는 나 때문에 마음의 상처를 입었다고 평가지에 적었다. 제나의 답변을 읽고 나는 놀라지 않을 수 없었다. '맙소사, 제나가 어떻게 이런 말을 할 수가 있지? 분명 농담도 장난도 기분 좋게 받아들이는 것 같았는데!' 나는 제나에게 우선 피드백을 잘 받았다고 말하고, 내가 이해할 수 있도록 조금 더 설명해달라고 부탁했다. 또한 마음에 상처를 줄 의도는 없었다고 말하며 사과했다. 그러자 제나는 한숨을 쉬며 말했다. "일부러 그러시는 건 아니라는 거 알아요. 선생님이 농담하실 때와 진지하게 말씀하실 때를 구분하기 어려울 때가 있어서 그래요."

이 일은 내게 커다란 교훈을 주었다. 진작 알았어야 했다. 아홉 살, 열 살 아이들은 나의 장난기 가득한 농담을 내가 의도한 대로 받아들이지 못한다는 걸 말이다. 그때부터 나는 학생들과 대화할 때 내가 어떤 말을 쓰는지 조금 더 주의를 기울이기 시작했다. 하지만 이 습관을 고치는 데는 꽤나 오랜 시간이 걸렸다.

몇 년 후에 나는 폴라 덴튼(Paula Denton)과 함께 일할 기회가 있었다. 『The Power of Our Words(언어의 힘)』이라는 책을 집필한 폴라는 당시 내 근무지에서 교사연수 워크숍을 진행하던 중 흥미로운 질문을 던졌다. "여러분은 학생들이 어떤 행동을 할 때 가장 화가 나나요?" 그 질문을 듣고 나는 학생들이 내게 지나치게 의존하는 상황을 제일 먼저 떠올렸다. 아이들이 끊임없이 나의 인정을 구하려고 할 때 화가 나기 때문이다. "선생님, 이거 제가 새로 쓴 시예요. 마음에 드세요?", "선생님, 이거 제가 그린 거예요. 마음에 드세요?", "프로젝트 포스터를 만들었어요. 어때요?" 아이들은 나의 인정을 구하기 위해 또는 스스로 답할 수 있는 문제를 굳이 나에게 묻기 위해 줄을 서서 기다렸다.

나는 학생들이 조금 더 독립적이었으면 좋겠다고 생각했다. 그래서 아이들이 내 의견을 시시콜콜 물으면 화가 나서 견딜 수가 없었다. 나는 아이들이 자신의 성취와 행동을 정확하게 평가하고 스스로 자랑스러워하기를 바랐다. 선생님의 생각에 의존하지 않고 스스로 생각하는 법을 배우기를 원했다. 선생님의 칭찬을 받을 때만 기뻐할 것이 아니라 스스로 학습동기를 품고 자신의 성과에 대해 내적 만족감을 갖게 되기를 바랐다.

폴라는 교사가 언어를 바꾸면 아이들의 부정적이고 도전적인 행동을 개선하는 데 어떻게 도움이 되는지 생각해보게 했다. 아이들을 칭찬한답시고 '○○하니까 참 좋네!'와 같은 표현을 습관적으로 사용하는 게 문제가 될 수 있다는 걸 그때 처음으로 깨달았다. 그때까지 나는 아이들의 성취나 행동에 대해 긍정적인 피드백을 주고 싶을 때 이렇게 말하곤 했다.

"수학문제를 열심히 푸니 참 좋네요!"

"복도에서 조용히 걸으니 정말 좋구나!"

"과학프로젝트를 열심히 해주니 정말 고맙다!"

"의자를 집어넣어줘서 정말 고마워!"

이는 내가 의도치 않게 아이들이 교사를 기쁘게 해주는 사람이 되도록 훈련시켜왔다는 것을 의미한다. 그 결과 아이들은 자기가 가치 있는 존재가 맞는지, 잘하고 있는 게 맞는지 확인하기 위해 교사인 내게 끊임없이 의존했던 것이다. 긍정적인 피드백을 주는 방식을 의식하기 시작하니 '학생이 중심이 되는 교실'을 만들겠다는 목표와 달리 정작 내가 쓰는 언어는 지독히도 교사중심적이었다는 사실이 드러났다. 그동안 나는 내 신념이나 목표와 전혀 맞지 않는 언어를 써왔던 셈이다.

대부분의 교사가 언어습관 때문에 이와 비슷한 상황에 놓인다. 그들이 최선의 의도를 품고 있다는 데는 의심의 여지가 없다. 모든 교사는 학생들이 안전한 공간에서 다른 학생들과 협업하기를 바란다. 또한 자신의 배움에 주인의식을 느끼고 기쁘게 학습하며, 올바른 도덕적 판단에 따라 바르게 행동하기를 바란다. 그런데도 많은 교사가 이러한 긍정적인 목표와 부합하지 않는 언어표현을 사용한다. 〈표 1.1〉이 그중 몇 가지 예다.

요약하면, 이 책은 교사의 좋은 의도를 올바른 언어로 표현하는 방법, 또는 의도와 언어를 일치시키는 방법에 대해 다룬다.

## 표 1.1 목표와 상충하는 언어습관의 예

학생들이 배움의 주인이 되기를 원하지만(목표),
실제로는 모든 권한이 교사에게 있음을 암시하는 말을 사용한다(현실).

☹
- "아직까지도 선생님한테 과제를 안 내놓은 친구들이 있네."
- "여러분이 선생님을 위해 해줘야 할 다음 과제는 이거야."
- "다음 과제에서는 선생님에게 세 가지 핵심 사항을 보여줘야 해요."

학생들과 긍정적인 관계를 맺기를 원하지만(목표),
정작 학생들이 우리를 실망시키면 비꼬듯이 이야기한다(현실).

☹
- "선생님이 너희들 뒷처리나 하러 학교에 오는 줄 아니?"
- "안 돼, 라는 말이 너희는 그렇게 이해가 안 되니?"
- "모두 하던 일을 멈추고 우리 왕자님이 준비되실 때까지 기다려주자!"

학생들이 배움을 즐기기를 원하지만(목표),
실제로는 공부가 지겹고 따분한 게 사실이라는 듯이 말한다(현실).

☹
- "과제를 일찍 끝내면 나중에 더 이상 할 필요가 없어."
- "여러분 대부분이 수학을 좋아하지 않는다는 걸 알지만, 이 단원은 꼭 끝내야 해."

학생들이 높은 도덕성을 바탕으로 바른 행동을 보여주기를 바라지만(목표),
실제로는 아이들을 믿지 못해 협박과 상벌에 의존한다(현실).

☹
- "음악실에 갈 때 복도에서 조용히 걸으면 스티커를 줄게."
- "지금 과제를 잘 해놓지 않으면 나중에 그 시간만큼 보충해야 할 거야!"

## 새로운 목표와 일치하는 언어습관 기르기

우리의 나쁜 언어습관은 어디서부터 시작됐을까? 또, 지금이 언어습관을 바꿀 적기라면 그 이유는 무엇일까? 일반적으로, 교사의 언어습관과 언어패턴은 대부분 오랜 시간에 걸쳐 교사에서 교사로 전수된다. 신임교사가 되면 우리는 능숙한 멘토교사와 동료교사들이 학생들에게 어떻게 말하는지 보게 된다. 또, 교사훈련 프로그램과 실습, 인턴십 등에 참여하면서 아이들과 대화할 때 어떻게 해야 하는가에 대해 많은 이야기를 듣는다. 우리는 어쩌면 선생님과 부모님에게서 들었던 말을 의식적으로 혹은 무의식적으로 되풀이하고 있는지도 모른다. 유념해야 할 점은, 예전에는 잘 통하는 듯 보였던 화법이 지금은 그렇지 않을 수도 있다는 사실이다. 여기에는 몇 가지 이유가 있다. 먼저, 오늘날 아이들은 예전의 아이들과 다르다. 나는 격동의 1970년대와 물질주의가 팽배했던 1980년대에 성장했다. 나의 성장배경은 1950년대 제2차 세계대전 말기에 성장한 부모님 세대의 성장배경과 상당히 다르다. 그러니 나는 내 부모님과 다를 수밖에 없다. 정보화시대에 자라난 나의 두 아이들 역시 나와 다르고, 지금으로부터 20년 후의 아이들은 지금 학교를 다니는 아이들과 또 다를 것이다. 사회와 문화적 규범, 일상의 경험이 변하면 아이들 역시 변한다. 이는 우리가 사용하는 언어 역시 시대와 함께 변화되어야 함을 의미한다.

교사로서 특히 중요한 목표는 시시각각 변화하는 세계에 대비해 아이들을 준비시키는 일이다. 산업화시대에 공립학교가 발달했을 때에는 많은 사람들이 학교를 졸업하면 취업을 해서 틀에 박힌 작업을 했다. 사람들은 9시에 출근해서 다른 누군가의 관리를 받으며 단순작업을 하고 5시에 퇴근했다. 그때는 학교에서 복종과 순응을 강조하는 것이 타당했다. 하지만 지금은 그렇지 않다. 창의성과 자발성, 공감, 협업이 그 어느 때보다 더 중요해졌다.

요즘 학교는 학생들에게 예전보다 더 높은 수준의 스킬(skill)을 배우도록 요구한다. 학교의 사회적·정서적 분위기도 바뀌어서 학생들은 더 이상 하루의 대부분을 각자 자리에 조용히 앉아 수업을 들으며 시간을 보내지 않는다. 대신, 다른 학생들과 함께 공부하고 다양한 배경의 학생들과 협업해야 한다. 학업에 관한 한 학생들은 더 이상 교사나 교과서, 혹은 교육과정에 맞춘 사설 교육프로그램이 제공하는 교과내용을 받아들이기만 하는 수동적인 존재가 아니다. 이제 아이들은 자신의 배움에 더 큰 영향력과 통제권을 갖고, 풍부한 배움의 경험을 교사와 함께 창조해야 한다. 규칙을 따르는 순종적인 사람이 되는 것만으로는 충분하지 않다. 윤리적이고 책임 있는 태도로 생각하고 행동하는 방법을 배워야 한다. 그래야 단순하게 말 잘 듣는 직원이 아닌, 독립적이고 깊이 있게 생각하는 사람이 될 수 있다.

다양한 교육환경에 놓인 여러 학교와 협업을 진행하느라 미국 전역을 다니면서 나는 이러한 변화가 이미 일어나고 있다는 것을 알게 되었다. 더 많은 선택기반(choice-based), 프로젝트기반(project-based) 학습경험을 쌓기 위해 대다수 학교에서 힘을 기울이고 있는데, 이러한 학습은 경쟁을 넘어 협업을 강조한다. 또, 과거에 상벌시스템을 이용해 학생들을 자극하던 전통적인 평가관행에서 벗어나고 있다. 뿐만 아니라 생활지도를 할 때 학생들이 직접 규칙을 만들게 하고, 회복적 정의(restorative justice, 잘못된 행동을 해결하는 과정에서 처벌과 통제가 아니라 치유와 관계회복에 초점을 맞추는 관행을 말한다-옮긴이)를 실천하면서 아이들이 능동적으로 참여하도록 유도하는 학교도 늘고 있다.

하지만 교사들의 언어사용은 이러한 새로운 분위기를 따라가지 못하고 오히려 학생들을 혼란스럽게 하거나 역효과를 내고 있다. 가령, 학생들이 좀 더 주인의식을 갖고 학습에 임해주기를 바란다면서 정작 학생들에게 말할 때는 "이번엔 수준 높은 결과물을 내놓기를 바란다!"라고 말하는 경우가 흔하다. 이런 말은 교사로부터 인정받는 것이 학습의 중요한 이유라는 메시지를 암암리에 전달한다. 이때 "여러분이 생각하는 높은 수준의 결과물은 어떤 모습인지 한번 말해볼까?"로 간단히 바꿔 말하는 것만으로도 전혀 다른 의미를 전할 수 있게 된다.

권위 있는 교육연구자들이 말하는 '학습에 가장 큰 영향을 주는 요인'을 살펴보면, 그 중심에 언어가 있다. 마자노(Marzano, 2003)가 학교 및 학급 운영의 효율성을 높이는 비결로 강조한 다음 요인들을 살펴보고, 교사의 언어가 각 요소에서 얼마나 중요한 역할을 하는지 생각해보자.

- 효과적인 피드백
- 안전하고 정돈된 환경
- 농료 간의 협력적 관계와 전문성
- 학급운영
- 학습자의 동기

이와 비슷한 존 해티(John Hattie, 2009)의 메타분석 연구(meta-analysis work, 특정 연구주제에 대한 여러 연구결과를 하나로 통합해 요약할 목적을 가지고 개별 연구결과들을 수집해 통계적으로 재분석하는 방법을 말한다—옮긴이)는 교육연구에서 가장 중요한 기준이 되어왔다. 그는 학생들로부터 높은 성취를 이끌어낼 수 있는 핵심 요인이 무엇인지를 알아보았다. 해티가 찾아낸 상위 26개 요인 각각에 교사의 언어가 얼마나 중요한 영향을 미치는지 주목할 필요가 있다. 아래 목록에서 각 요인 옆에 쓰인 괄호 속 숫자는 해당 요인이 학생들의 성취에 미치는 효과의 크기를 보여준다. 효과 크기(effect size)가 0.40보다 크면 긍정적인 효과를 주는 요인이라고 간주하는데, 학생들의 성취에 평균 이상의 긍정적인 효과를 주는 변인은 아래와 같다.

- 교사명확성(teacher clarity, 수업목표와 평가기준 등에 대해 교사가 명확하게 안내하고 전달하는 것을 말한다—옮긴이)(0.75)
- 피드백(0.73)
- 교사와 학생의 관계(0.72)
- 메타인지(metacognitive)전략(0.69)
- 학생에게 꼬리표 붙이지 않기(0.61)
- 교수전략(0.60)
- 직접교수(direct instruction, 교사중심의 수업으로 시범이나 지시가 명확하고 학생에게 직접적인 피드백을 제공한다—옮긴이)(0.59)

## 언어습관을 바꾸는 것이 정말로 중요한가

언어습관을 바꾸는 일은 결코 쉬운 일이 아니다. 따라서 여기에 시간과 에너지를 투자하기에 앞서 다음과 같은 질문에 답해야 한다. 이것이 과연 그럴 만한 가치가 있는 일인가? 사소하고 미묘한 것이라도 언어습관을 바꾸면 정말로 학생들에게 유의미한 차이를 만들어낼 수 있을까? 그런데 실제로, 언어습관을 바꾸면 커다란 차이를 만들 수 있다는 것을 보여주는 강력한 증거가 있다.

캐롤 드웩(Carol Dweck)의 사고관점(mindset)에 관한 연구는 언어를 바꾸는 것에 관한 가장 유명한 연구로 손꼽힌다. 드웩에 따르면 성장관점(growth mindset)을 가진 사람은 근면과 노력이 성공의 열쇠라고 생각하기 때문에 더 열심히 일하고, 더 오래 견디고, 더욱 도전적인 과제를 떠맡으며, 더 높은 수준으로 성취한다. 이와 달리 고정관점(fixed mindset)을 가진 사람은 타고난 재능이나 능력이 성공의 열쇠라고 믿기 때문에, 도전하지 않고, 쉽게 포기하며, 성취수준이 낮다. 드웩과 동료들은 실험을 통해 한 가지 중요한 사실을 밝혀냈다. 교사의 말이 아주 조금만 바뀌어도 학생들이 성장관점을 갖느냐 고정관점을 갖느냐에 크게 영향을 미친다는 것이다. 예를 들어 IQ 테스트를 마친 후 교사가 "우와, 8개나 맞았네! 잘했어. **정말 열심히 했구나!**"라고 말하면 학생들은 성장관점을 갖게 되고, "우와, 8개나 맞았네! 잘했어. **역시 똑똑하구나!**"라고 말하면 고정관점을 갖게 된다(Dweck, 2006, pp. 71-73). 노력을 칭찬받은 학생들은 다음번 테스트에서 더 어려운 문제를 끈기 있게 다루고 더 즐기는 모습을 보여주었을 뿐만 아니라 능력을 칭찬받은 학생들보다 점수가 더 높았다. 그런데 충격적이게도, 각자 점수를 밝히는 시간이 되자 능력을 칭찬받은 아이들의 40퍼센트가 자신의 실제 점수보다 더 높여서 말했다. 믿기 어렵겠지만, 피드백을 할 때 이렇게 말 한마디만 살짝 바꿔도 아이들은 배움에 대해 전혀 다른 마음가짐을 갖게 된다.

이와 같은 연구결과를 보면서 나는 행동경제학자들의 연구를 떠올렸다. 행동경제학자들은 작은 변화를 통해 행동에서 커다란 차이를 만들 수 있는 방법을 강조한다. 아이들이 학교식당에서 건강에 좋은 음식을 선택하기를 바라는가? 그렇다면 건강에 좋은 음식을 아이들 눈높이에, 아이들 손이 닿기 쉬운 곳에 두어라. 더 많은 사람들이 노후를 위해 저축하기를 원하는가? 그렇다면 월급에서 저절로 예금액이 공제되는 자동예금 시스템을 기본값으로 설정하고, 원치 않을 때는 직접 취소하게 하라. 작은 변화가 큰 결과를 낳는다. (이 주제에 관심이 있다면 리처드 탈러(Richard Thaler)와 캐스 선스타인(Cass Sunstein)의 연구나 책 『넛지(Nudge)』를 추천한다. 스티븐 리빗(Steven Levitt)과 스티븐 더브너(Stephen Dubner)의 명저 『괴짜경제학(Freakonomics)』도 좋다.)

언어습관의 작은 변화가 어떤 효과를 불러올 수 있는지 다시 한번 살펴보도록 하자. "역시 똑똑하구나!"에서 "정말 열심히 했구나!"로 바꾸는 정도만으로도 아이들의 학습에 커다란 영향을 미칠 수 있다면, 그에 따른 잠재적인 변화와 그로 인해 학생들이 얻을 이익은 얼마나 크겠는가? 아이들이 독립적이고 스스로 학습의욕을 갖길 원한다면 "선생님은 여러분이 문제를 이렇게 창의적으로 푸는 방식이 아주 마음에 들어요."처럼 교사의 인정을 강조하는 말이 아니라 "문제를 창의적으로 풀기 위해 노력하고 있구나."처럼 노력을 강조하는 말로 바꿔 말하면 된다. 또 학생들이 좀 더 윤리적이고 도덕적으로 사고하는 사람으로 성장하길 원한다면 "복도에서 조용히 걸어다니면 스티커 판에 스티커를 붙여줄게요."가 아니라 "복도에서 조용히 걸어다니면 다른 교실에서 공부하는 친구들에게 도움이 되겠죠."라고 말하면 된다.

## 책을 더 읽기 전에 확인할 중요한 사항

이 책에서 우리는 다양한 언어습관과 언어패턴을 깊이 있게 다룰 텐데, 각 장의 목표는 교사의 선의, 그리고 학생들을 위해 세운 긍정적인 목표가 최대한 잘 드러나는 언어를 사용하는 데 있다. 다음 장으로 넘어가기 전에 먼저 몇몇 중요한 사항을 좀 더 살펴보도록 하자.

## 우리는 모두 교사다

이 책에서 '교사'라는 단어는 광범위하고 포괄적인 의미로 사용된다. 교사, 예술통합전문교사, 특수교사, 교장, 교육감, 행정실무사, 시설관리인, 보조교사, 부모, 이 중 어디에 속하든 모두 교사다. 아이들의 인생에 어떤 식으로든 역할을 하는 사람은 모두 교사에 해당된다. 이 책 전체에 걸쳐 '교사'라는 단어가 광범위하고 포괄적인 용어로 사용되고 있음을 기억하기 바란다.

**우리는 모두 서로 다르며 그것은 당연한 일이다**

다음 장부터 권장 표현을 많이 보게 될 텐데 이는 우리가 어떤 표현을 사용할지 그 출발점을 제공한다. 이 권장 표현을 출발점으로 삼되, 거기에서 영감을 얻어 여러분 각자에게 편안한 방식으로 변형해보기를 권한다. 우리 모두 자신만의 독특한 목소리와 고유한 성격을 가지고 있기에 모두가 정확하게 똑같은 표현을 사용하려고 애쓸 필요는 없다. 지난 10여 년간 교육계에서 교사의 사기를 떨어뜨린 유행 중 하나가 교사가 수업 중에 해야 할 말까지 세세하게 써놓은 정형화된 교육과정이 대거 쏟아져 나온 일이었다. 무엇을 어떻게 말할지를 알려주는 예시 표현들이 도움이 될 수는 있지만, 주어진 상황에 맞추어 이미 만들어진 자동응답식 표현을 제공하는 교사로봇이 되려고 해서는 안 된다. 긍정적인 피드백을 줄 때 '○○하니까 참 좋네.'라는 표현을 그만 쓰기로 결심했다면, 다른 대안을 여러 개 마련해 그중 여러분 각자에게 적절한 표현을 찾으면 된다.

**'무엇'만이 아니라 '어떻게' 말하느냐가 중요하다**

우리가 실제로 사용하는 말에서 어조를 분리하기란 거의 불가능하다. 하지만 책 속에 어조를 담아내는 것 역시 어려운 일이다. 각 장에서 각각의 언어습관을 살펴볼 때, 언어사용의 목적에 주의를 기울여 어조가 메시지에 어떤 영향을 미치는지 생각해보아야 한다. 미묘한 억양변화, 미소나 눈맞춤 같은 것에서 나타나는 사소한 변화에 따라 학생들이 교사의 언어를 어떻게 느끼는지가 크게 달라진다. "세상에, 그렇게 어질러진 책상에서 뭔가를 찾는 게 가능하단 말이야?" 하고 말하면서 장난스럽게 눈동자를 굴리고, 고개를 흔들고, 목소리를 높이면 학생들과 친밀감을 형성하는 데 도움이 될 것이다. 하지만 같은 말이라도 실망한 어조로 말하거나, 노려보거나 책망하는 손짓을 하면서 말하면 전혀 다른 메시지가 전달된다.

'미안'이라는 표현을 예로 들어 생각해보자. 이 표현 하나만으로도 다양한 메시지를 전달할 수 있다. 실수로 학생과 부딪혔을 때 "아이쿠, 미안해." 하고 조용히 사과하는 어조로 말하면 이 표현은 미안한 마음을 나타낸다. 그런데 상대방의 말을 잘 듣지 못했거나 이해하지 못해서 다시 한번 말해달라고 할 때는 전혀 다른 느낌을 자아낸다. "미안한데, 다시 말해줄래?" 하고 궁금증과 관심을 표하는 어조로 말하게 되기 때문이다. 이 두 경우 모두에서 '미안'이라는 말은 예의 바르고 적절한 느낌을 주지만, 똑같은 말이 부정적인 의미로 쓰이는 경우도 있다. 첫 단어를 말할 때 목소리를 높여 강조하면서 "미안한데! 여기 좀 보지?"라고 말하면 이는 학급을 집중시키려는 시도로서 약간은 날카롭게 들릴 것이다. 화난 듯한 낮은 목소리로 눈썹을 치켜올리며 "미안한데, 지금 뭐라고 했지?"라고 말하면 왠지 불길한, 협박하는 느낌을 주게 된다. '어떻게' 말해야 하는가는 특히 명심해야 할 중요한 요소이기 때문에, 이 책 전반에 걸쳐 자주 다뤄질 것이다. 단순히 무엇을 말하느냐가 아니라 어떻게 말하느냐가 중요하다.

## 우리는 항상 시범을 보이고 있다

예전에 가르쳤던 한 학교에서는 유치원부터 초등 5학년까지를 맡은 선생님들이 학교 안에 작은 학교(a school within a school, 큰 공립학교 체제 안에서 독립적으로 운영되는 소규모 교육과정을 의미한다―옮긴이)를 만든 적이 있다. 학년별로 한 반씩만 있었기 때문에 학생들은 매년 다음 학년 교사에게 다 같이 배정되었는데, 나는 당시 3학년 담당교사였던 루스 앤 선생님이 한 말을 지금도 잊을 수가 없다. 그녀는 매년 개리 선생님과 2학년을 보내고 3학년으로 진급하는 학생들은 하나같이 너무나도 긍정적이고 공손하다면서 이렇게 말했다. "매년 새 학기 첫날 25명의 꼬마 개리가 교실로 걸어 들어온다고 생각해보세요. 정말 멋진 일이죠!" 그런가 하면 나는 다른 학교에서 이와 정반대의 일을 겪은 적도 있다. 매일같이 비웃고 빈정거리는 버릇이 있는 4학년 담임선생님을 거쳐 5학년으로 진급한 학생들을 맡았을 때다. 그 아이들은 실수를 하면 습관처럼 서로 비웃고 모욕했다. 그 습관을 고치는 데 몇 달이 걸렸다.

이 책은 교사의 시범보이기(teacher modeling)에 대해 구체적으로 다루는 부분이 몇 군데 있다. 그러나 어떤 면에서는 이 책 전체가 시범보이기를 다루고 있다고 볼 수도 있다. 언젠가 나의 멘토교사는 이런 말을 했다. "아이들은 항상 우리를 지켜보고 있어요. 어른이 되는 법을 알아내기 위해서죠." 우리는 이 사실을 항상 명심해야 한다. 온종일, 교사는 학생들을 위해 수위조절을 하고, 어른다운 행동이 무엇이고 어른답게 말하는 게 무엇인지를 시범보인다. 학업과 배움에 대해서 어떻게 말하는가? 좌절과 분노를 어떻게 다루는가? 학교에서는 어떤 어휘를 쓰는 것이 적절한가? 어려움을 겪는 학생들과 어떻게 상호작용하는가? 각각의 상황에서 교사가 말하고 행동하는 방식은 학생들에게 그들 자신도 어떻게 행동해야 하는지에 대한 중요한 단서와 신호를 준다. 이는 아주 좋은 가르침의 기회가 된다. 이렇게 해서 우리는 학생들이 친절하고 인정 많고 사려 깊은 사람으로 성장하도록 돕게 되는 것이다. 그러니 우리 스스로 올바른 언어를 사용해 학생들 앞에서 모범을 보이도록 하자.

## 불편함을 감수하라

언어는 교사가 하는 모든 행위의 중심이기에 언어에 관한 한 배우는 위치에 선다는 것이 어려울 수 있다. 무엇을 말해야 하는가에 대해 지금 당장 명쾌한 답을 얻고 싶을 수도 있다. 하지만 그렇게 되면 두 가지 잘못된 길 중에 하나를 성급히 택할 수 있는데 두 쪽 모두 바람직하지 않다. 그 첫번째 길은 의심 없는 무조건적인 순응이다. 권위 있는 사람, 즉 워크숍 강사 또는 관련 주제로 책을 쓴 전문가의 말을 그대로 받아들이는 것이다. 어떤 교사는 "뭐라고 말해야 하는지 그냥 좀 알려주세요!"하고 강력히 요청하기도 한다. 그런가 하면 이렇게 말하는 사람도 있다. "작년에 다른 강사님은 아이들이 올바른 행동을 하면 크게 칭찬하라고 했어요. 그래야 다른 아이들이 따라하니까요. 그런데 선생님은 그렇게 하지 말라고 하시네요?" 좋은 언어습관은 의식적인 사고를 필요로 한다. 그러니 너무 성급하게 새로운 언어패턴을 수용하지 않도록 주의해야 한다.

가르치는 일은 단순히 직업을 넘어서 교사의 정체성 그 자체다. 우리는 말 그대로 '교사'다. 그래서 언어습관을 점검하는 것도 스킬이나 전략을 실행하는 것 그 이상이 되어버리는데, 이는 마치 영혼 탐색이나 심지어 치료처럼 느껴져서 두려울 수 있다. 이러한 두려움이 우리를 두 번째 잘못된 길로 이끈다. 보다 바람직한 표현이라고 제시되는 것들을 간단히 무시해버리고 그것에 대해 전혀 신경을 쓰지 않는 것이다. 실제로 나는 교사들이 "제 수업에서는 빈정거림이 잘 먹혀요. 아이들이 좋아한다고요."라고 말하는 것을 여러 번 들었다. 권장 표현을 무턱대고 받아들이는 첫 번째 잘못된 길과 마찬가지로, 재고의 여지 없이 가볍게 무시해버리는 두 번째 잘못된 길 역시 우리를 아무것도 할 수 없게 만든다. 이는 배움과 성장을 가로막으면서 우리에게서 교사로서의 정체성을 분리시킨다.

이 책의 목적은 여러분의 생각을 자극해 깊이 성찰하게 하고 동료들과 풍부한 토론을 하도록 이끄는 데 있다. 여러분은 자신의 언어습관 중 어떤 것을 개선해야 할지 결정해야 할 것이다. 학생들을 위해 세운 긍정적인 목표를 고려해 어떤 언어를 사용해야 그 목표에 도달하는 데 도움이 될지 결정해야 한다. 이 책의 많은 권장 표현들이 여러분의 그 여정을 도울 수 있기를 희망한다.

"숙제를
챙겨왔을 리가
없지."

비꼬는
말

02

학생들은 교사의 어떤 부분을 가장 중요하게 여기는가? 이는 매우 강력하고 중요한 질문이다. 그동안 여러 학교를 다니며 수십 명의 학생들에게 물어보았다. 질문을 할 때는 학년에 따라 방식을 달리했다. 저학년에게는 "어떤 선생님을 좋아하나요?"라고 묻고, 고학년에게는 "모든 선생님이 이랬으면 좋겠다, 하는 점이 있다면 무엇인가요?"라고 물었다. 그리고 중고등학교 학생들에게는 "선생님이 여러분에 대해서, 또 배움에 대해서 어떤 믿음을 갖고 있기를 바라나요?"라고 물었다. 아이들의 답변은 다양하고 광범위했지만, 그 사이에서 주된 생각을 발견할 수 있었다. 그중 가장 공통적인 내용은 존중에 관한 주제였다. 아이들은 존중받기를 원했고, 공정하게 대우받기를 원했다. 다음은 인터뷰를 하면서 아이들로부터 직접 들은 얘기다.

1학년: 우리들이 정말 착하다는 걸 모든 선생님이 믿어주면 좋겠어요. 선생님이 우리를 좋아하지 않으면 학교는 아무것도 아닐 걸요.

4학년: 음, 일단 숙제를 내주지 말았으면 좋겠어요. 아니, 실은 선생님이 우리에게 더 많은 걸 기대하면 좋겠어요. 우리가 책임질 수 있게 해주면 좋겠어요. 6학년들이 하는 일을 우리도 해볼 수 있게 허락해주면 좋겠어요. 우리도 충분히 나이가 들었기 때문에 더 많은 책임을 질 수 있거든요. 어른이나 다른 선생님처럼 우리도 존중받고 싶어요.

중학교 2학년: 우리도 논리적이고 추상적인 사고를 할 수 있어요. 선생님들 생각과는 달리, 우리도 스스로 결론 내릴 줄 알아요. 가끔은 선생님들이 생각하는 것 이상으로 어떤 것을 깊게 들여다볼 수도 있다는 걸 알아주면 좋겠어요.

중학교 3학년: 선생님이 저희들과 동등한 위치에 있어주면 좋겠어요. 선생님으로서만이 아니라, 친구 같은 존재로 있어주면 좋겠어요. "자, 나는 선생님이야. 내가 다 가르쳐줄게." 혹은 "내가 시키는 대로 해."라고 말하지 않고, 저희를 동등한 위치에 있는 사람으로 봐주시면 좋겠어요. 그러면 저희도 선생님에게 질문하기가 훨씬 쉬워질 거예요. 저는 선생님이 "원하는 게 뭐야?" "자, 이번엔 뭘 도와줄까?" 하고 물으면 오히려 질문을 하지 않게 돼요.

이 비공식적 설문조사의 결과는 이와 동일한 주제로 보다 철저하게 실시된 연구결과와 일치한다. 여기서 존 해티(John Hattie)의 연구가 다시 한번 등장한다. 『Visible Learning and the Science of How We Learn(비저블 러닝과 학습과학)』(2014)에서 존 해티와 인지과학자 그레고리 예이츠(Gregory Yates)는 '학생들이 교사를 신뢰할 수 있는가?'라는 중요한 질문을 제기한다. 두 저자는 이에 대해 다음과 같이 말한다. "긍정적이고 개방적인 의사소통을 촉진하려는 모습을 몸소 보여줌으로써 성공적인 학습 환경을 유지하는 것이 중요하다. 학생들은 교사가 (a)공정하고 (b)품위 있고 (c)존중하는 태도로 자신을 대해주기를 원한다. 이 세 가지 측면은 학생 인터뷰와 설문조사를 통해 학생들이 교사에게 무엇을 기대하는지 알아본 모든 연구에서 명백하게 드러난다"(p.26).

이와 같은 결과를 통해 "아이는 어른들이 대화할 때 끼어들어서는 안된다." "매를 아끼면 아이를 망친다."와 같은 말을 쓰던 때와는 많이 달라졌다는 사실을 알 수 있다. 앞선 세대는 자녀를 양육할 때 아이들의 권한을 최소화하는 데 집중했다. 어른으로서의 권위는 아이들을 힘으로 통제할 때 생겨난다고 믿었고, 아이에게 주도권을 주고 힘을 실어주기보다는 '아이는 아이의 위치에 있어야 한다.'고 생각했다.

여기서 생각해봐야 할 것은 교사의 언어가 이와 같은 변화를 어떻게 지지하고 있는지 또는 어떻게 방해하고 있는지 하는 점이다. 교사가 쓰는 말이 학생들에게 힘을 실어주고 있는지, 아니면 힘을 빼앗고 있는지를 잘 살피면서 언어습관을 점검해야 한다. 학생들이 긍정적인 정체성을 갖는 데 도움이 되는가? 학생들이 주도권을 갖고 스스로를 행위주체로 느끼게 하는 데 도움이 되는가? 혹시 반대로, 학생들을 힘없고 작고 약한 존재로 느끼도록 만들고 있지는 않은가?


## 아이를 놀림거리로 만드는 말

앞에서 학생들이 나에 대한 평가서를 작성했던 때를 떠올려보자. 그 당시 4학년 학생 제나는 나의 놀리는 듯한 말버릇에 대해 중요한 피드백을 주었는데, 그런 말버릇 때문에 상황이 나빠진 경우가 또 있다. 사실 이런 습관을 고치는 데는 시간이 걸리기 때문에 나는 아직도 그 말버릇을 완전하게 고치지는 못했다. 어느 날 스테이시가 화가 난 상태로 교실에 들어왔다. 천둥을 동반한 먹구름이 아이 머리 위에 떠있는 게 보였다. 스테이시는 교실에 들어서면서 친구를 향해 팩 쏘아붙였다. "좋은 아침!" 하고 인사를 건네는 내게도 별다른 반응을 보이지 않았다. 좀 당황한 나는 "아이구 예뻐라. 아침부터 입이 댓 발이나 나왔네?" 하고 말했다. 곧 아이 눈에 눈물이 고였다. 아이는 내게 퍼부었다. "네, 오늘 아침은 최악이에요, 됐어요? 그냥 좀 내버려두세요!"

아이를 놀림거리로 만드는 말이 위험한 이유가 여기에 있다. 놀리는 말은 잘못된 장소에서 잘못 사용되었을 때 역효과를 낳고 상황을 악화시킨다. 스테이시는 이미 자신의 감정에 대해 잘 알고 있었기 때문에 교사가 그것을 콕 집어 공개적으로 지적할 필요가 없었다. 스테이시와 나는 꽤 괜찮은 관계를 유지하고 있었고, 나는 단지 분위기를 전환하고 싶었을 뿐이므로 변명을 하자면 못 할 건 없었지만, 어쨌든 내가 판단을 잘못한 건 분명하다.

초임교사 시절 내가 고치려고 애썼던 언어습관 중 하나가 바로 아이를 놀림거리로 만드는 말이었다. 장난스러운 놀림이 아이들과 좋은 관계를 다지고 친밀감을 형성하는 데 도움이 될 때도 있었지만, 의도한 대로 작동하지 않을 때도 있었다. 야단치거나 수업을 하거나 잘못을 지적하려고 할 때 놀리는 투로 말하면 늘 문제가 생겼다. 이미 기분 나쁜 상태에 있는 아이들에게 존중받지 못한다는 느낌을 주었던 것이다.

## 상처를 후벼 파는 비꼬는 말

교실에서 쓰는 언어와 관련해 특히 중고등학교 교사들과 이야기 나눌 때, 어김없이 등장하는 소재가 있다. 비꼬는 말이 바로 그것이다. 어떤 이들은 "제가 가르치는 아이들은 다 커서 비꼬는 말도 잘 받아들여요."라고 말하며 재빨리 방어한다. 또 이렇게 말하는 교사들도 있다. "제가 가르치는 애들은 비꼬는 말을 좋아해요. 애들도 항상 쓰는 걸요. 십대들은 천성적으로 냉소적이죠. 제가 비꼬듯이 말하면 웃어요." 물론 이 모든 것이 사실일 수도 있다. 고학년 아이들은 비꼬는 말을 써도 잘 이해하고, 심지어 아이들 스스로도 비꼬는 말을 많이 쓴다. 하지만 그렇다고 해서 교실에서 비꼬는 말을 쓰는 게 정당화될 순 없다. 어쨌거나 비꼼의 숨은 의도는 상대방에게 상처를 주는 데 있기 때문이다. 메리엄-웹스터(Merriam-Webster) 사전은 비꼼을 "상대방에게 상처나 고통을 주기 위해 의도적으로 쓰는, 날카롭고 때로는 풍자적인, 혹은 반어적인 말"이라고 정의한다. 비꼬는 말을 의미하는 영어단어 'sarcasm'의 그리스 어원은 'sarkazein'인데, 그 뜻은 "개처럼 살점을 물어뜯는 것"이라고 기록돼 있다(Merriam-Webster Online, n.d.).

교실에서 비꼬는 말을 쓰면 분명 학습에 방해가 된다. 전직 FBI요원 조 내버로(Joe Navarro)는 몸짓언어(body language)에 관한 흥미로운 책에서 비꼬는 말을 공격의 한 형태로 규정하며 이렇게 경고했다. "공격적인 전술은 감정의 혼란을 가져온다. 또 집중하거나 명확하게 생각하기 어렵게 만든다. … 공격을 받으면 인지기능이 납치되다시피(hijacked) 해서 생각이 갑자기 멈춰버리고, 변연계 뇌(limbic brain, 인체의 기본적인 감정, 욕구 등을 관장하는 뇌 부위를 일컫는다-옮긴이)가 대뇌의 가용자원을 모두 사용하게 된다"(2008, p.34). 사실 교사가 학생들을 향해 비꼬는 말을 할 수 있는 건 교사가 권력을 갖고 있기 때문이다. 학생들이 교사에게 그런 말을 한다고 생각해보라. 그걸 가만히 둘 교사가 과연 있을까? 그렇게 보면 비꼼은 분명 괴롭힘에 해당한다. 크로(Crowe)의 정의에 따르면 괴롭힘은 "한 사람 또는 하나의 집단이 다른 사람에게 사회적 권력을 휘두르고, 그것을 지속하고 확고히 함으로써 아픔이나 굴욕감을 주는 행위"(2012, p.3)이나. 비꼬는 말은 스트레스 수준이 높은 학습환경을 조성한다. 신경영상연구에 따르면 스트레스를 많이 받는 뇌는 학습능력이 떨어진다(Willis, 2006, pp. 24-25).

그런데 비꼬는 말을 써온 것에 대해 걱정하며 자책하기 전에, 비꼬는 말이 정확히 무엇인지 곰곰이 생각해볼 필요가 있다. 실제로는 비꼬는 말이 아닌데 비꼬는 말로 간주되는 경우가 종종 있기 때문이다. 그동안 여러 교사들과 이야기를 나눈 바로는, 그들이 생각하는 비꼼은 다소 광범위하고 언어의 형태가 매우 다양했다. 그중 어떤 말은 명백히 아이들에게 상처를 주지만, 어떤 말은 그렇지 않을 수도 있다. 이에 대해 좀 더 생각해보기 위해 아래 예를 살펴보자.

- "오늘노 바깥 쑹경이 참 아름답네!" 여러 날 비가 오고 있는 상황에서 이런 말을 했다고 생각해보자. 이 말은 반어적이기는 하지만 비꼬는 말은 아니다. 실제와는 다른 의미를 전달하고 있지만, 학생들을 향한 말이 아닐 뿐더러 나쁜 뜻으로 한 말도 아

니다. 물론 언어정보 처리에 어려움을 겪는 학생 혹은 국어를 처음 배우는 학생들은 비틀린 의미 때문에 혼란스러울 수 있다. 하지만 이 말이 공동체의식(sense of community)에 실질적인 해를 끼치지는 않는다. 그러나 이와 같은 반어적 표현이 너무 자주 사용되면, 즉 교사가 쓰는 어조가 대체로 반어적이라면 수업의 활기가 약해질 수는 있다.

- 교사가 판서를 하다가 "여러분, 선생님이 또 이러네. 난 아무리 해도 철자를 제대로 쓸 수가 없다니까! '베르누이(Bernoulli)'의 철자를 기억하는 사람 혹시 있을까?"라고 말한다면, 이는 비꼼이라기보다는 자기비하에 가깝다. 이 정도의 자기비하가 학생의 자아감(sense of self)을 약화시키거나 교실공동체를 전투적으로 또는 험악하게 만들지는 않는다고 봐야 할 것이다. 자기비하를 과도하게 쓸 경우 발생할 수 있는 문제점과 위험성에 대해서는 이 책의 12장에서도 언급할 것이다.

- 코리가 글쓰기에 집중하지 않고 멍하니 창밖을 내다보고 있다. 교사는 그 모습을 보고 긍정적이고 밝은 어조로 "코리, 열심히 하니까 참 좋네!" 하고 말했다. 교사는 아마 무엇을 해야 하는지 상기시켜주기 위해 그렇게 말했을 것이다. 하지만 이와 같은 거짓 칭찬은 오히려 혼란을 초래할 수 있다. 교사가 비꼬거나 반어적인 어조로 거짓 칭찬을 하면 학생은 교사가 빈정대고

있다는 것을 뻔히 알게 되고, 이것은 학생의 마음에 큰 상처를 주게 된다. 이럴 때는 "코리, 해야 하는 일에 집중해야지."라고 말하는 편이 낫다.

- "오, 그런 깊이 있는 대답을 하다니, 대-단히 고맙다."라고 말하면서 학생의 대답이 형편없음을 암시하는 어조를 사용하면 이는 명백히 비꼬는 말이 되고, 학생에게 수치심을 줄 수 있다. 다른 학생들은 교사의 이러한 대꾸에 낄낄거리며 웃을지도 모른다. 이때 학생들이 웃는 이유는 둘 중 하나다. 비웃음거리가 된 친구를 조롱하는 일에 동참하기 위해서거나, 선생님의 빈정거림이 제발 자신을 향하지는 않기를 바라면서 긴장하고 있어서다. 이와 같은 말은 두렵고 비열한 교실 분위기를 형성한다.

- "'자리에 앉아서 들어'라는 말에서 도대체 어떤 부분을 이해 못 하는 거지?"라는 말은 비꼬는 말일 수도 있고, 아닐 수도 있다. 가벼운 톤으로 말하면 빈정대는 것처럼 들리고, 날카롭게 말하면 일부러 상처주기 위해 하는 말로 들린다. 이럴 때는 직접적으로 상기시켜주는 편이 좋다. "명심해, 지금은 자리에 앉아서 들어야 하는 시간이야."

- "너희는 열두 살이야! 책상에 낙서하는 건 어린 애들이나 하는 짓이라고!" 하고 말하면 비꼬는 말은 아니지만 수치심을 줄 수

표 2.1  비꼬지 않고 말하기

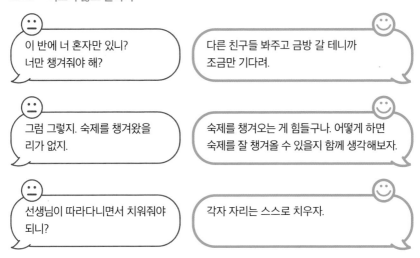

있다. 실제 나이보다 어리게 행동한다는 의미를 담고 있기 때문
에 아이들이 두려움과 죄책감을 갖게 된다. 이럴 때는 말없이
낙서를 지울 지우개를 건네주는 편이 좋다.

예를 들자면 끝이 없지만, 이만하면 핵심 메시지는 충분히 전달됐을
것이다. 교사의 언어가 '학생의 자존감에 상처를 입히는' 역효과를 초래하
면, 학생들은 효과적인 학습에 참여할 기회를 잃게 된다. <표 2.1>은 비
꼬는 말 대신 쓸 수 있는 표현의 예시다.

## 교실 내 게시물도 주의해서 쓰자

교실 곳곳에 붙어있는 인쇄물은 비록 음성언어는 아니지만 교실언어 중 일부이며, 교실 언어습관에 영향을 끼친다. "징징대지 말자" 혹은 "징징 금지구역"과 같은 포스터를 교실 벽에 붙이지 않도록 하자. 아이들의 징징거림이 교사를 힘들게 하는 건 사실이지만, 교실에 그런 게시물을 붙여놓으면 학생들에 대한 교사의 기대치가 낮다는 것을 선언하는 셈이 된다. 이러한 종류의 게시물 속에는 부정적이고 날카로운 어조가 배어있다. 이러한 포스터는 깜빡이는 등대처럼 비꼬는 말을 끊임없이 내보냄으로써 아이들에게 영향을 주게 된다. 그런 포스터를 쓰고 있다면 당장 떼어버려라.

## 꼬리표를 붙이는 말

학생들을 범주에 따라 분류하기란 어렵지 않다. 남학생과 여학생으로 나눌 수도 있고, 백인, 아시아계, 라틴계, 흑인으로 나눌 수도 있다. 또, 음악을 좋아하는 아이, 스포츠를 좋아하는 아이로 나눌 수도 있다. 압도할 정도로 많은 다양성을 이해하고 정리하기 위해 우리의 뇌는 사물이나 사람을 범주로 나누는 데 익숙하다. 그렇게 하고 있다는 걸 인식조차 하지 못하는 경우도 있다. 문제는, 아이들을 분류하고 꼬리표를 붙이기 시작하면 아이들을 바라보는 시각이 편협해진다는 점이다.

그러므로 우리는 애초에 범주를 나누거나 꼬리표 붙이는 일을 하지 않도록 주의해야 한다. "우리는 이제 한 팀이 되어 작업을 할 거야. 여러분이 운동선수든, 책벌레든, 예술가든, 수학천재든, 다 같이 말이지." 교사는 모든 아이를 아우르려는 의도로 이렇게 말할 수 있다. 하지만 이런 말을 들으면 아이들은 '나도 여기에 포함되는구나.' 하고 안도감을 느끼기보다는 '나는 저 넷 중 어디에 속하는 사람이지?' 하고 신경을 곤두세운다. '나는 축구팀 멤버이지만 책 읽는 것도 좋아해. 그럼 나는 운동선수일까, 책벌레일까?' 하고 고민에 빠지는 것이다. 선생님이 반드시 둘 중 하나여야 한다고 말하지도 않았고, 아마 실제로 그렇게 생각하지도 않겠지만, 아이들은 교사의 말 속에 둘 다 될 수는 없다는 의미가 함축되어 있다고 느낄 수 있다. 이런 말을 사용하면 아이들은 정해진 틀에서 벗어날 수 없다고 느끼게 되어 주도권(sense of power)이 전반적으로 감소할 수 있다. 또 아이들끼리 서로를 분류하고 패거리지어 바라보도록 부추기는 효과를 가져올 수도 있다.

## 무의식적인 편견을 의식하라

나는 대학생 시절 코네티컷대학교에서 반(反)인종차별주의 활동가 제인 엘리엇(Jane Elliott)의 강연을 들었던 일을 잊을 수가 없다. 제인은 초등학교 3학년을 대상으로 실시한 전설적인 파란 눈/갈색 눈 실험(교사가 '파란 눈을 가진 아이들이 갈색 눈을 가진 아이들보다 우월하다.'라고 말하면서 차별적으로 대우하면 아이들의 언행과 태도가 어떻게 달라지는지를 관찰했다-옮긴이)을 통해 인종차별주의에 맞선 교사였다. 그 당시 나는 사회정의(social justice)에 대한 생각으로 가득 차 눈이 반짝이던 학생이었기에, 제인 엘리엇의 강연을 통해 사려 깊고 배려하며 포용적인 사람으로서의 정체성을 더욱 강화하고 싶었다. 제인은 무대 위로 성큼성큼 걸어가 정면을 응시한 후 청중을 가리키며 말하기 시작했다. "여러분 모두 편견에서 자유롭지 못합니다." 청중 속에 있던 나는 순간 움찔했다. '아니요. 전 아니에요. 내 겐 흑인 친구가 있다고요!' 참 순진한 생각이었다. 제인은 본인을 포함해 누구나 편견과 선입견을 가지고 있다고 지적하면서 그 편견과 선입견을 끊임없이 의식의 표면 위로 끌어올려 점검해야 한다고 말했다. 이것만이 우리가 편견과 선입견을 없앨 수 있는 유일한 방법이라고 했다.

자신이 편견에 사로잡혀 있다고 생각하고 싶어 하는 교사는 없다. 교 사로서 학생들에 대해 말할 때나 학생들과 대화를 나눌 때, 학생의 인종, 성별, 국적, 사회경제적 지위, 그 외 여러 요소로부터 영향을 받지 않는다 고 믿고 싶어 한다. 하지만 사라 피얼만(Sarah Fiarman)은 뛰어난 논문 「Unconscious Bias: When Good Intentions Aren't Enough(무의식적 편견: 선한 의도로는 충분하지 않을 때)」(2016)에서 설명하기를 우리 모두 무의식 적인 편견을 품고 있으며 "이러한 편견은 그것이 우리의 확고한 신념, 때 로는 우리 자신의 생생한 경험과 정면으로 위배될 때조차 영향을 미 친다."라고 말했다.

예를 들어보자. 5학년 합창단을 지휘하는 음악교사가 겨울음악회에서 선보일 노래목록을 발표하고 있다. 교사는 고전적인 크리스마스 노래 제 목을 몇 개 열거한 다음 이렇게 말한다. "우리 유태인 친구들을 위해 특 별히 하누카(Hanukah, 유태인들이 기념하는 축제일을 말한다－옮긴이) 노래 노 하나 부를 거예요." 이때 교사는 유태인 학생들을 배려하는 마음에서 이렇게 이야기한 것이지만, 학생들은 정반대의 메시지를 받는다. 굳이 '유 태인 학생'을 부각시킴으로써 유태인 학생을 대화에서 배제하는 역효과 를 불러일으킨 것이다.

## 나의 응답과 반응에 주목하라

최근에 내게 어떤 편견이 있는지를 인식하게 된, 그러니까 무의식적 편견을 자각하게 된 일이 있었다. 방학을 맞아 가족과 함께 캐나다 몬트리올로 짧은 여행을 갔을 때다. 시내를 걸으며 다양한 타민족 사람들과 마주치게 되는 것은 놀랄 일이 아니었다. 하지만 아시아인, 아랍인 그리고 아프리카인이 프랑스어를 사용한다는 사실은 어쩐지 놀랍게 느껴졌다. 몬트리올은 프랑스어가 사용되는 도시이므로 그 지역에 사는 사람들이 프랑스어로 말하는 게 당연한데도, 내가 자란 미국 메인 주에서 내가 아는 프랑스어 사용자는 모두 백인이었기 때문에 몬트리올의 풍경이 놀랍게만 느껴졌다. 인정하기 부끄럽지만, 이 일은 내게도 편견이 있다는 사실을 깨닫게 해주었다. 단기적으로는 어떤 일에 대응하고 반응하는 방식을 조정하고, 장기적으로는 스스로를 재훈련할 수 있도록 우리는 이러한 편견을 의식하려고 노력해야 한다.

이런 관점에서 우리가 평소 일상적인 상호작용을 통해 학생들에게 어떤 메시지를 보내고 있는지, 그리고 우리에게 어떤 편견이 있을 수 있는지 살펴보자. 가령, 6학년 남자아이가 집에서 해온 퀼트를 보여주고 있다고 생각해보자. "퀼트를 한다고?" "다른 친구들이 놀리지는 않니?" 그저 관심을 보이며 긍정적인 태도로 묻는다고 해도 이런 말은 바느질하는 남자아이가 드물다는 생각을 의도치 않게 강화하게 된다. 그 대신 우리는 이런 식으로 질문을 할 수 있다. "이걸 만들면서 어떤 부분이 재미있었고, 어떤 부분이 어려웠니?" "얼마나 크게 만들 생각이야?" "직접 쓰려고 만드는 거야, 아니면 누구에게 주려고 만드는 거야?"

릭 워멜리(Rick Wormeli)는 「Let's Talk about Racism in Schools(학교에서 일어나는 인종차별에 대해 이야기하자)」(2016)라는 글에서 '마이크로어그레션(microaggression, 먼지차별, 미세차별)'을 인지하고 바꿔나가자고 독려한다. 마이크로어그레션이란 겉보기에는 차별적으로 보이지 않지만 인종주의나 편견을 무의식적으로 드러내어 누군가에게 상처를 줄 수 있는 사소한 행동, 말, 사고습관을 말한다. 다른 문화권에서 온 학생과 눈맞춤을 전혀 하지 않는 것, 어떤 아이에게 '열악한 가정환경에서 자란 아이 치고는' 수학실력이 뛰어나다고 말하는 것이 그 예다. 또 "공부 안 하면 결국 저런 일이나 하게 된다."라는 식으로 사회적 약자들의 몫이라고 여겨지는 서비스 직종이나 그 외 직종을 폄하하는 것, 그리고 똑같은 상황을 두고 흑인 아이들에 대해서는 "폭동을 일으키고 폭력을 행사했다."라고 표현하고 백인 아이들에 대해서는 "불공정한 대우에 항의했다."라고 표현하는 것도 포함된다.


**존중을 담은 언어는 열악한 환경의 아이들에게 특히 중요하다**

아이들을 존엄과 존중으로 대할 때 아이들은 더 기꺼이 더 수월하게 배운다. 이는 **모든** 학생에게 적용되는 매우 중요한 사실이다. 건강한 사회·정서적 소양을 이미 갖추고 있고 친절하며 규칙을 잘 따르는 아이라면, 교사가 존중하고 인간적으로 대하기가 쉽다. 그런데 불행히도, 존중과 공감, 연민을 매일 절실하게 필요로 하는 학생들일수록 불손하고 폭력적인 경우가 많다. 그래서 이런 아이들을 친절하게 대하기는 쉽지 않다. 우리는 공격적이고 건방진 아이들에게 존중하는 태도를 보이면 아이들의 부정적인 행동이 강화될 것이라고 염려한다. "아이들이 먼저 교사를 존중해야 교사도 아이들을 존중할 수 있는 거야." 하고 합리화하는 때도 있다. 하지만 이는 지금 천식발작으로 고통받는 사람에게 당장 공기흡입기를 주지 않고 "일단 숨을 제대로 쉴 수 있게 돼야 공기흡입기를 받을 자격이 생긴다."라고 말하는 것과 같다.

학생들에게 존중의 언어를 사용하는 것을 고려할 때 이 점을 명심하자. 존중을 표하는 행동에 어려움을 겪는 아이들일수록 타인으로부터 충분히 존중받는 경험을 더 많이 해야 한다. 그렇지 않으면 이 아이들이 타인을 존중하는 법을 어떻게 배울 수 있겠는가?

## 결론

교사는 학생을 위한 최선의 의도와 긍정적인 목표를 의식해야 한다. 학생들이 자신감을 갖고 행동하기를 원한다면, 스스로 학습을 책임지고 이끌어갈 만큼 강하다고 느끼기를 바란다면, 그리고 타인을 존중하는 법을 배우기를 바란다면, 교사인 우리가 쓰는 언어부터 잘 살펴야 한다. 어떤 말이 우리가 이러한 목표를 성취하는 데 도움이 되고, 또 어떤 말이 방해가 될까? 교사가 모든 학생을 존중할 때, 학생들은 비로소 강인하고 타인을 존중하는 사람으로 성장할 수 있다.

"좋은
아이디어 있는
사람,
말해볼까?"

비교하는
말

03

학생들이 수업시간에 함께 하는 활동이 점점 더 늘면서, 협업하기 좋은 교실 분위기를 만드는 것이 교사의 중요한 일이 되었다. 물론 항상 그래왔던 것은 아니다. 사실, 학교에서는 오랫동안 그 반대상황이 이어졌다. 각자 자리에 앉아서 공부하는 게 일반적이었고, 협업하는 일은 드물었다. 시험 보는 날이면 성적이 좋은 학생부터 성적이 낮은 학생 순으로 시험지를 나눠주는 일이 흔했다. 친구들보다 시험을 못 볼 것에 대한 두려움, 또는 친구들을 이길 것이라는 기대감을 부추기면 아이들이 자극을 받아 더 열심히 시험에 임할 것이라고 믿었기 때문이다. 시험결과를 가지고 종형곡선(bell curve, 통계에서 정상분포를 나타내는 곡선으로, 평균값을 중앙으로 하여 좌우대칭인 종 모양을 이룬다-옮긴이)을 도출해 반 평균을 한눈에 보여주거나, 최고 점수를 받은 학생의 점수에 따라 다른 모든 학생들의 점수를 올리거나 내리는 관행도 흔했다. 교과내용을 얼마나 잘 이해하고 있는가보다는 누가 높은 점수를 받느냐가 더 중요한 관심사였다. 과학박람회(science fair, 다양한 과학주제에 대해 독립적으로 조사와 연구를 수행하고 그 결과를 학급 또는 학교 전체와 공유하는 자리를 말한다-옮긴이)와 철자맞추기 대회(spelling bee, 문제로 출제되는 영어단어의 철자를 참가자가 한 자씩 정확하게 불러 맞추는 대회를 말한다-옮긴이)에서 학생들은 공개적으로 서로 경쟁하도록 내몰렸고, 모두 강제로 이 경쟁에 참여했다.

내가 다니던 고등학교에서는 최상위권 학생의 성적에 따라 최종 성적이 매겨지는 관행이 있었다. 시험지를 받는 날이면 교실에는 부정적이고 살벌한 분위기가 감돌았다. 그 날도 마찬가지였다. 돌려받은 시험지 상단에서 78점이라는 숫자를 보자마자 나는 거의 항상 최고 점수를 받는 친구를 쳐다봤다. 그 친구가 제발 낮은 점수를 받았기를 기도했다. 최고 점수가 85점이라면 모두가 15점을 보너스로 받게 되어 내 점수는 78점에서 93점으로, 무려 C에서 A로 껑충 오르게 돼 있었다. 최상위권 친구들은 높은 점수를 받으면 다른 친구들로부터 화난 눈빛과 원성을 감내해야 했다. 부끄럽지만 나조차도 그랬다. "제이슨! 정말 이러기야?" "다니엘! 이게 뭐야!" 하고 투덜댔다.

이러한 경쟁적인 관행은 여러 학교에서 여전히 행해지고 있지만, 평가와 관련해 새로운 기조가 나타나면서 차츰 쇠퇴하고 있다. 이제 학교는 상대평가 관행에서 벗어나 역량 및 스킬에 기반한 평가로 나아가고 있다. 학생들은 파트너와의 대화, 팀별 도전과제, 복합적이고 통합적인 장기 모둠프로젝트 작업을 통해 서로 관계를 맺는다.

어떤 이들은 이러한 변화가 학생들에게 정말 도움이 될지 의구심을 갖기도 한다. '학교를 졸업한 후에는 결국 서로 물고 뜯는 경쟁의 세계로 진입하지 않는가?'라면서 말이다. 그러나 협업과 팀워크 스킬은 실제로 직업의 세계에서 매우 가치 있게 여겨진다. 2014년 노스이스턴대학교에서 비즈니스 리더들을 대상으로 실시한 설문에 따르면, 의사소통 및 대인관계 스킬은 고용주가 직원을 채용할 때 가장 중요하게 생각하는 다섯 가지 스킬에 포함된다. 교육정책센터(Center on Education Policy)에서 발간한 보고서(Frizzell et al., 2017)도 성공적인 직장생활에 필요한 두 가지 심층학습 역량(deeper learning competencies)으로 협업과 의사소통 스킬을 꼽았다. 이 보고서는 900개 이상의 직업으로부터 얻은 데이터를 자세히 분석하고 그 결과를 바탕으로 쓰였는데, 이 두 가지 요소가 앞으로 더욱 복잡해질 직업세계에서 점점 더 중요하게 여겨질 것이라고 내다봤다. 최근에 만난 뉴햄프셔대학교 공학교수도 이와 비슷한 이야기를 했다. 뉴햄프셔대학교 공과대학은 졸업생들이 직업세계에서 성공하려면 무엇이 필요한지 조언해주는 지역 엔지니어 단체를 자문기구로 두고 있다. 이 자문기구는 협업능력을 길러야 다른 사람들과 일을 할 때 엔지니어로서 효율적으로 일할 수 있다는 점을 항상 강조한다고 한다.

우리의 경제는 산업화시대에서 정보화시대를 거쳐 계속 변화하고 있다. 그러나 아무리 많은 변화가 일어나도 의사소통 및 협업 스킬은 외주화 또는 자동화되기 어려운 영역이다. 효과적으로 협업하는 사람은 앞으로 어떤 급격한 변화가 일어나더라도 잘 헤쳐나갈 수 있을 것이다. 그러므로 학생들이 서로를 경쟁의 대상이 아니라 협업의 대상으로 여기는 협력적인 교실 분위기를 만들기 위해 노력하는 일은 분명 가치 있는 일이다. 하지만 이러한 여러 경쟁적 관행을 바꾸는 와중에도 정작 교사가 학교에서 사용하는 언어는 여전히 협력이 아닌 경쟁을 부추기고 있을지도 모른다.


## 판단하고 비교하는 말 줄이기

모둠토론이나 학급토론을 할 때 "자, 좋은 아이디어 있는 사람, 한번 말해볼까?"라고 말한 적이 한 번쯤 있을 것이다. 그게 무슨 문제가 되느냐고 물을지도 모르겠다. 아마 학생들을 자극하고 토론에 필요한 긍정적인 분위기를 만들기 위해 '좋은'이라는 단어를 사용했겠지만, 바로 그 단어가 문제다. 학생들을 서로 비교하게 만들기 때문이다. 어떤 아이는 자신의 아이디어가 좋은지 아닌지 확신할 수 없어서 의견 나누기를 주저할 것이다. 또, 어떤 아이는 이 상황을 누가 가장 좋은 아이디어를 내놓는지 알아보기 위한 경쟁의 장으로 바라볼 수도 있다.

비교하고 판단하는 말은 일상 대화에 아주 쉽게 스며든다. 일부 문해력 프로그램이나 교수법에서는 이와 같은 언어가 적극 장려되는 경우도 있다. 읽기전략을 설명할 때 교사가 '독해를 잘하는 사람', '글쓰기를 잘하는 사람' 같은 말을 쓰는 이유가 여기에 있다. "글쓰기를 잘하는 사람은 초고에서 만족하지 않아. 앞으로 돌아가서 글을 더 고쳐야 한다는 걸 알기 때문이지.", "독해를 잘하는 사람은 모르는 단어의 의미를 파악하기 위해서 문맥을 힌트로 사용해."와 같은 말들이 그 예다. 물론 이러한 언어는 긍정적인 의도에서 비롯된다. 교사는 학생들이 독해를 잘하는 사람, 글쓰기를 잘하는 사람이 되기를 원할 뿐 아니라 학생들 스스로도 그런 마음을 갖기를 원한다. 그럼 왜 이 말이 문제가 되는 걸까? 첫째, 학생들 모두가 이미 독해와 글쓰기를 잘하는 사람이 되기를 원한다. 독해와 글쓰기를 못하고 싶은 사람이 어디 있겠는가? 둘째, 교사가 학생들을 판단하는 언어를 사용하면 학생들은 읽기전략이나 쓰기전략에 집중하기보다는 스스로 자신을 평가하는 데 신경을 더 쓰게 된다. '나는 글 고치기를 싫어하는데, 그러면 나는 글 잘 쓰는 사람이 되긴 이미 틀린 걸까?' 심지어 불안감을 유발할 수도 있다. '글 고치기를 잘하지 못하면 훌륭한 작가가 될 수 없다는 뜻일까?' '나는 글 고치기를 잘하는 리사보다 열등한 걸까?' 물론 모든 학생이 이렇게 반응하는 것은 아니며 설령 이렇게 반응하더라도 스스로 의식하지 못할 수도 있다. 하지만 판단하고 비교하는 교실 분위기는 바로 이와 같은 사소한 생각들이 쌓여 만들어진다. 그러면 학생들은 배움에 필요한 모험을 감행하기가 더욱 어려워진다.

그렇다면 교사는 어떻게 말해야 할까? 판단하고 비교하는 단어를 가급적 사용하지 않아야 한다. "훌륭한", "멋진", "최고", "최악", "굉장히 좋은"

표 3.1 비교하지 않고 말하기

과 같은 단어들이 그 예다. "좋은 아이디어 있는 사람, 한번 말해볼까?" 대신 "아이디어를 함께 나눠볼까?" 하고 단순하게 말하자. 또, 어떤 전략이나 스킬의 유용성을 강조할 때 비교하는 표현을 쓰지 않도록 하자. 학생들이 서로를 비교하지 않고 자기성찰을 할 수 있도록 돕자(<표 3.1> 참조).

## 넌지시 비교하지 않기

두 명의 학생이 활동 후에 뒷정리를 하기로 돼 있다. 그런데 잭슨은 쓰레기를 줍고 있고 말리아는 여전히 활동재료를 가지고 놀고 있다. 교사가 말리아를 보며 말한다. "잭슨이 뒷정리를 참 잘하고 있구나!" 이 경우 교사는 실제로 잭슨이 아니라 말리아에게 말하는 것과 같다. 한 아이의 바른 행동을 이용해 다른 아이를 조종하려는 의도를 갖고 있는 것이다.

이와 같은 방식은 교사양성 프로그램과 학급운영 워크숍에서 오랫동안 전수되어온 학급운영 관행이다. 나 역시 여러 해에 걸쳐 이 방식을 활용했는데, 적어도 단기적으로는 효과가 있었다. 할 일을 하지 않고 있는 아이들에게 무엇을 해야 하는지 상기시킬 수 있기 때문이다. 아이들은 칭찬받은 친구의 행동을 보고 따라함으로써 올바르게 행동했다. 이러한 전략이 그 순간에는 문제를 해결하는 데 도움이 되는 것이 사실이다. 하지만 교사는 추후 나타날 수 있는 부정적인 결과에 대해 생각해볼 필요가 있다. 말리아의 행동을 변화시키기 위해 잭슨의 행동을 이용하면, 말리아는 오히려 헷갈려하거나 공격을 받았다고 느낄 수 있다. 잭슨을 칭찬해서 말리아의 행동을 유도하는 게 말리아에게 다시 지시를 내리는 것보다 더 부드러운 접근법이라고 생각할 수 있다. 하지만 이는 오히려 두 학생 모두를 어색한 상황에 빠트린다. 이제 말리아는 잭슨의 행동을 따라해야 하는 처지가 되었고, 이는 곧 상대방에 대한 적개심으로 이어질 수 있다. 잭슨 또한 졸지에 말리아가 본받아야 할 대상이 되면서 어색함이나 당황스러움을 느낄 수 있다. 의도하지는 않았지만 교사는 두 학생 모두에게 서로가 경쟁관계에 있으며 둘 중 잭슨이 이기고 있다고 말한 셈이다. 교무회의에서 교장이나 교감이 "지니 선생님이 사담을 나누지 않고 회의에 집중해주시니 참 좋네요!" 하고 말한다면 기분이 어떨지 한번 생각해보라.

표 3.2 비교하지 않고 직접적으로 말하기

상황 : 브라이언이 돌아다니고 있다. 조는 자리에 앉아 공부하고 있다.

브라이언! 조가 얼마나 열심히 하고 있는지 좀 봐!

브라이언, 자리로 돌아가 앉아.

상황 : 수업을 시작하려는데 마리아가 계속 떠들고 있다.

마리아도 다른 친구들처럼 조용히 수업준비를 해주면 얼마나 예쁠까!

(마리아에게 다가가서) 수업 시작하자. 잘 들어봐.

상황 : 미카엘라가 그룹활동에 참여하지 않고 있다.

미카엘라, 다른 친구들은 모두 열심히 하고 있네!

(미카엘라에게 다가가서) 자, 그룹활동에 집중하자.

## 협업의 문화를 형성하기 위한 다른 전략들

- 모두가 배움에 참여하고 있으며 서로의 이름을 호의적으로 부르고 있는지 확인하라.
- 학생들의 학문적·사회적 목표에 기반해 학급규칙을 만들어라.
- 학급 전원이 참여하는 프로젝트에 착수하라. 학급소개 영상, 학급문집, 학급게시판을 만들어라.
- 재미있는 활동과 짝활동, 모둠활동을 자주 해서 학생들이 좋은 관계를 형성하도록 하라.
- 자리배치를 유연하게 해서 학생들이 다양한 친구들과 함께 어울리며 배울 수 있도록 하라.

교육전문가로서 우리는 이와 같은 언어습관을 재고해볼 필요가 있다.

위와 같은 상황이 벌어진다면 가급적 직접적이고 진정성 있게 말하자. 먼저, 말리아에게 짧고 간단하게 "말리아, 지금은 정리하는 시간이야."라고 상기시켜주자. 그리고 잭슨의 행동을 칭찬하고 싶다면 다른 아이들 몰래 조용히 칭찬해주자. "잭슨, 네가 정리를 잘해줘서 다음 수업을 준비하는 데 큰 도움이 됐단다." 하고 말이다. <표 3.2>에는 이와 비슷한 예가 실려 있다.

일부 학생의 긍정적인 행동을 언급해 다른 학생들을 지도하고 싶을 때에도 가급적 개별 학생을 지목하지 않는 게 좋다. "오늘은 여러분 중 절반 이상이 공책을 챙겨왔네!" 이렇게 말하면 누군가를 곤란한 상황에 빠트리지 않으면서도 일부 학생의 긍정적인 행동을 이용해 다른 몇몇 학생을 지도할 수 있다.

**결론**

비교와 경쟁을 유도하는 말도 좋은 의도에서 비롯된 것일 가능성이 높다. 교사가 경쟁을 유도하는 이유는 학생들이 열심히 참여하고, 노력하고, 훌륭히 과제를 해낼 수 있도록 영감을 주고 동기를 부여하기 위해서다. 부끄러움이 많아 적극적으로 참여하지 못하거나 동기와 노력이 부족한 학생을 자극하기 위해서일 수도 있다. 하지만 비교와 경쟁을 유도하는 말은 교사의 의도와는 달리 아이들의 의욕을 꺾어놓을 수 있다. 이러한 말은 수업 참여도가 높고 성공적으로 학습하는 학생들에게는 큰 해를 끼치지 않는다. 오히려 그 아이들의 성취감과 우월감은 더 강화될지도 모른다. 하지만 실패해도 비난받지 않는 안전한 공간이 절실히 필요한 학생들은 비교와 경쟁을 유도하는 교사로 인해 더 움츠러든다. 실패할 것이 뻔한 일에는 아예 에너지와 감정을 투입하지 않으려 할 수도 있다.

스스로를 다른 아이들과 끊임없이 비교하고 확인하고 싶어 하는 학생들, 즉 경쟁을 즐기는 듯 보이는 학생들의 마음을 들여다볼 필요도 있다. 이런 학생들은 과제를 마치자마자 "다 했어요!" 하고 외친다. 또, 다른 친구들이 어떤 성적을 받았는지 계속해서 물어보고, 자신의 점수가 더 높다는 것을 보여주고 싶어 한다. 언뜻 우월감의 표현 같아 보이지만, 교사는 그것이 자신감이나 즐거움의 결과가 아니라 오히려 자신감이 결여된 결과라는 사실을 인지할 필요가 있다. 자신감과 안정감을 느끼는 학생들은 자신의 성취를 인정받기 위해 다른 사람과 비교할 필요성을 못 느낀다. 모든 학생이 성취감을 느끼고 자신이 가치 있는 존재라고 여길 수 있게 하려면, 경쟁 붙이고 비교하는 말을 줄여나가야 한다.

# "우리 아가들,
# 칠판
# 보세요."

## 자존감을
## 해치는
## 말

04

학생들이 강하고 자신감 있기를 원하는가 아니면 자신감 없이 뒤로 물러나 있기를 바라는가? 헷갈리는 것이 있을 때 거리낌 없이 질문할 수 있는 학생을 원하는가? 또 '행위주체성(agency)'을 갖고 전략적으로 행동하면 누구나 목표를 이룰 수 있다고 믿는 학생이기를 바라는가(Johnston, 2004, p.29)? 교사라면 누구나 학생이 주도권을 갖고 기꺼이 배움에 도전하기를 원할 것이다. 『Embarrassment(당혹감)』(2017)이라는 책에서 토머스 뉴커크(Thomas Newkirk)는 실패 가능성을 인정하고, 실수하거나 실패해도 괜찮은 환경에 있을 때 비로소 적극적이고 도전적인 배움이 가능하다고 주장한다. 사람들은 위험한 상황, 실수하거나 실패하는 상황을 회피하려는 경향이 있다. 옳은 일을 하고, 새로운 것을 배울 때 얻는 만족감보다 당혹감에 대한 두려움을 훨씬 더 크게 느끼기 때문이다. 실패 가능성을 기꺼이 인정하려면 용기가 필요하다. 진정한 학습자가 되기 위해서는 내면의 힘과 회복탄력성(resiliency)이 필요한 이유가 여기에 있다.

여러분은 학생들이 자신 있게 새로운 것을 시도하고, 필요한 도움을 적극적으로 구하며, 전반적으로 자기 자신에 대해 긍정적인 자아감을 갖기를 원할 것이다. 그것을 가능하게 하는 가장 간단한 방법 중 하나는 우리가 학생들의 이름을 부르는 방식에 달려 있다. 이번 장의 핵심 질문이 바로 이것이다. 학생들을 어떻게 불러야 이러한 목표를 달성할 수 있을까?

## 이름의 힘

어슐러 르 귄(Ursula K. Le Guin)의 '어스시 3부작(Earthsea Trilogy)'을 읽어본 적이 있는가? 이 시리즈는 『나니아 연대기(The Chronicles of Narnia)』나 『반지의 제왕(The Lord of the Rings)』만큼 유명하진 않지만 매우 풍성하고 강력한 이야기를 담고 있다. 어스시 시리즈에서 모든 힘과 마법의 근원은 이름이다. 마법사들은 무언가 또는 누군가의 진짜 이름을 알게 됨으로써 힘을 갖는다. 르 귄은 '어스시 3부작'의 첫 편인 『어스시의 마법사(A Wizard of Earthsea)』(1968)에서 이렇게 말한다. "우리의 진짜 이름이 무엇인지 아는 사람은 우리 자신과 그 이름을 붙여준 사람뿐이다. 형제, 배우자, 친구들은 우리의 진짜 이름을 알고 있지만, 그들은 다른 누군가가 들을 수 있는 곳에선 그 이름을 거의 사용하지 않는다. … 어떤 이의 진짜 이름을 아는 자는 그의 목숨을 쥐고 있는 것과 같다"(p. 69). 또 '어스시 3부작' 두 번째 편인 『아투안의 무덤(The Tombs of Autuan)』(1970)에는 다음과 같은 대목이 나온다. "어떤 것에 마법을 걸기 위해서는 그것의 진짜 이름을 알아내야만 한다. 여기(작품 속 배경으로 등장하는 세계를 의미한다-옮긴이)서는 누군가의 진짜 이름을 다른 모든 이에게서 일생동안 감춘다. 진정으로 믿을 수 있는 몇 사람만이 진짜 이름을 알고 있다. 이름에는 엄청난 힘과 커다란 위험이 공존하고 있기 때문이다"(p. 107).

이름은 우리가 누구인지를 말해주는 요소 중 하나로서 지긍심(self-worth)과 힘을 부여한다. 이름을 불러주는 간단한 습관은 아이들이 인정받는다고 느끼고, 스스로 가치 있는 존재로 여기게 하는 데 도움이 된다. 이제 학생의 이름을 부르는 몇 가지 방법을 알아보고, 이러한 방식이 학생들의 생각이나 감정에 어떠한 영향을 미치는지 생각해보자.

## 학생의 본명 또는 그들이 선호하는 이름을 사용하라

학년 초에 학생들이 학급에서 어떻게 불리기를 원하는지 파악하고, 그에 따라 이름을 불러주는 것이 매우 중요하다. 교사가 학생을 소중히 여기고 있으며, 중요한 존재로 인식하고 있다는 것을 보여주기 위해서다. 이는 지금 당장 익혀야 할 습관이다. 교사가 학생의 이름을 모르는 상태로 시간이 흘러가면, 학생을 함부로 대하거나 서먹하게 대하는 상황이 점점 더 자주 생길 수 있다. 이와 관련해서 한 동료교사가 어느 학교를 방문해 5학년 수업을 참관했을 때 겪은 일을 말해준 적이 있다. 수업 중에 교사가 계속해서 학생들을 '여학생(ma'am)'이나 '남학생(sir)'으로 부르는 게 눈에 띄었다. 수업이 끝난 후 이 문제에 대해 그 교사와 이야기를 나누었는데, 놀랍게도 그 교사는 새 학년이 시작된 지 3개월이나 지났는데도 학생 대다수의 이름을 모르고 있었다. 애석하게도, 이런 일은 생각보다 흔하다. 이 이야기를 다른 교사들에게 해주면 이런 답변을 종종 듣는다. "제 주변에도 아이들 이름을 전혀 모르는 선생님이 있어요." 학생들의 이름을 전혀 모른다는 건 전문가답지 못할 뿐 아니라 무례한 일이다.

이름을 익히는 것은 기본이고, 학생들이 학급에서 어떤 이름으로 불리기를 원하는지 알아보는 것도 중요하다. 그러면 아이들에 따라서 본명보다 더 선호하는 이름이 있다는 사실을 알게 될 것이다. 나의 예를 들자면, 부모님, 형제, 조부모님 등 나의 직계가족은 언제나 나를 '마이클'이라고 부르지만, 그 외 사람들은 나를 '마이크'로 부른다. 학교에서 누군가가 나를 '마이클'이라 부르면 너무 사적인 관계같이 느껴져서 불편할 것이다. '찰스(Charles)'라는 이름의 한 학생은 어느 해에는 '찰리(Charlie)'라고 불리기를 원했지만, 그 다음 해에는 척(Chuck)'으로 불리기를 원했다(미국 문화에서는 서로의 이름을 닉네임으로 부르는 경우가 흔한데, 찰스라는 이름의 닉네임으로는 찰리를 더 많이 쓰고, 척은 최근 들어서는 잘 쓰이지 않는다-옮긴이). 이 새로운 이름에 적응하는 데 나 역시 시간이 좀 필요했다.

이와 동시에 교사는 학생들이 선호하는 이름이 실제로 쓰이는 이름인지, 그리고 적절한 이름인지를 확인해야 한다. 우스꽝스러운 이름은 피해야 한다. 언젠가 이런 일이 있었다. 학기 첫날 나는 아이들이 어떤 이름으로 불리길 원하는지 확인하고 있었다. 매일 집으로 보낼 폴더에 이름표를 붙이기 위해서였다. 딜런이라는 아이에게 "'딜런'이라고 부르면 되는 거지?"하고 물었는데, 딜런은 눈을 반짝이며 친구를 흘끗 보더니 "아뇨, '밥'이라고 불러주세요." 하고 말했다. 나는 장난스레 윙크를 지어보이며 "지금은 일단 '딜런'이라고 쓰고, 나중에 다시 얘기하자." 하고 답했다(이 경우, 아이가 유명가수 밥 딜런(Bob Dylan)의 이름을 떠올려 장난을 치려는 것을 교사가 알아챈 것이다-옮긴이). 나중에 다시 그 아이와 이야기했을 때, 아이는 '밥'이라고 불러달라고 했던 건 장난이었고, 모두가 자기를 '딜런'이라고 부른다고 인정했다.

이름에 관한 한 함부로 넘겨짚지 않는 것도 중요하다. 학년 초에 한 동료교사는 어떤 학생을 부를 때 그 학생이 원했던 '버바'라는 이름이 아니라 공식 문서상의 이름인 '알렉스'라는 이름으로 불렀다. 그런데 곧 학생의 부모가 학교를 방문해 이를 정정해주었다. '버바'는 집안에서 몇 세대에 걸쳐 내려오는 이름이어서 가족들 모두 '알렉스'를 '버바'라고 부르고 있었던 것이다. 동료교사는 "내가 완전히 잘못 생각한 거죠."라고 말하며 후회했다. 나쁜 의도로 그런 것은 아니었지만 어쨌든 귀중한 교훈을 안겨준 경험이었다.

발음에도 주의해야 한다. 교사가 학생의 이름을 정확하게 발음하지 못하면 학생들이 부정적인 영향을 받을 수 있기 때문이다(Kohli & Solorzano, 2012). 특히 교사와 다른 문화적·국가적 배경을 가진 학생의 이름은 교사가 정확하게 발음하기 어려운 경우가 있기 때문에 발음을 잘 배워둬야 한다. 학생에게 "선생님이 네 이름을 바르게 불렀니?" 하고 물어보고, 정확한 발음을 알려달라고 해서 거듭 연습해야 한다. 나는 대개 학생이 "괜찮아요, 선생님. 거의 비슷해요."라고 말하더라도 "아니, 거의 비슷해선 안 돼요. 완벽하게 발음해야 해요." 하고 말하며 고집스레 연습하는 편이다.

---

**이름을 익히기 위한 전략들**

- 새 학기가 시작되면 첫 2주 정도는 모든 학생이 이름표를 달고 다니게 하라.
- 새 학기 초반에 학생들의 이름을 자주 불러라.
- 출퇴근길에 학생들의 이름을 외워라.
- 학생들도 교실에서 서로 이름을 부르도록 적극 장려하라. 서로의 이름을 많이 부를수록 좋다.

## 별명은 괜찮을까?

학생의 본명은 아니지만 친밀감을 형성하거나 유쾌한 분위기를 만들어낼 수 있으니 별명을 사용하는 것은 괜찮지 않을까? 그때그때 다르다. 물론, 별명을 부르면 즐거움과 재미를 느낄 수 있고, 교사-학생 간의 관계가 친밀하다는 것을 보여줄 수 있다. 그런데 별명이 있는 학생도 있고 없는 학생도 있다면 어떨까? 어떤 학생에게는 재미있는 별명이 있지만 다른 학생에게는 그런 별명이 없을 수도 있다는 사실이 담임교사로서 마음에 걸린 적이 있다. 누군가를 별명으로 부르는 행위가 다른 학생들을 소외시킬 수도 있겠다는 사실을 깨달은 후, 나는 학생을 별명으로 부르는 일을 그만두었다. 학생들에게 재미있는 별명을 붙여주고자 한다면 모든 학생에게 붙여주어야 한다.

## 애칭은 어떨까?

많은 교사들이 학생을 애칭으로 부른다. 이는 특히 초등학교 교사에게서 흔히 볼 수 있는 언어습관이다. '아가, 꼬맹이, 친구' 등의 애칭이 친근함과 애정의 표현으로 종종 사용되는데, 학생들 입장에서는 선생님이 자신을 무시하거나 아이 취급한다고 느낄 수 있다. 선생님이 자신을 꼬맹이라고 부르는 것을 매우 싫어하는 중학생과 이야기를 나눈 적이 있다. 그 학생은 선생님의 의도가 나쁘지 않다는 걸 알고 있었고, 자신을 그렇게 부르지 말아달라고 딱히 부탁을 한 적도 없었다. 학생이 선생님에게 뭘 하지 말아달라고 부탁하는 게 쉬운 일은 아니지 않은가. 그러나 선생님이 자신을 꼬맹이라고 부를 때마다 여전히 학생은 무시당한다는 느낌을 받았고,

이는 큰 상처가 되었다.

　교사로서 학생들을 가르치는 일은 애정을 담아 보살피는 일이기도 하지 않느냐고 반문할 수 있다. 아가나 꼬맹이라는 애칭을 쓰면 친밀감을 바탕으로 보살피는 느낌을 더 줄 수 있지 않을까? 물론, 교사가 나쁜 의도로 애칭을 쓰겠다고 할 리는 없다. 학생을 억압하려는 의도로 애칭을 사용한다는 교사를 본 적도 없고, 교사로서 학생을 양육하고 보살피고 싶어 하는 마음도 이해한다. 그렇다면 보살피고 양육하는 느낌을 주면서도 아이들에게 주도권을 주고 힘을 실어줄 수 있는(empowering) 방식을 찾아야 한다. 예를 들어, 어린 학생들과 대화할 때는 아이들의 눈높이에 맞추기 위해 무릎을 굽혀 앉는 편이 좋다. 교사는 애정 어린 마음, 지지하는 마음이 드러나는 몸짓언어와 표정, 목소리 톤을 사용해 진정한 보살핌과 배려의 메시지를 전달해야 한다. 또 흥미로운 질문을 던짐으로써 아이들이 하고 있는 일에 대해 진정한 관심을 표현할 수도 있다. 그렇게 하면 무시하는 느낌을 주지 않으면서도 따뜻하게 보살피는 마음을 충분히 전달할 수 있을 것이다.

**프랑스어나 스페인어 이름은?**

외국어 수업시간에 다른 이름을 사용하는 경우는 어떨까? 뉴햄프셔 주 더럼의 오이스터리버 고등학교에서 프랑스어와 스페인어를 가르치는 교사, 바바라 밀리켄은 수업시간에 학생들이 외국어 이름을 지어 사용하게 하는 이유를 다음과 같이 설명했다. (참고로, 내 아들 이든은 프랑스어 시간에 '도미니크'라는 이름을, 딸 칼라는 스페인어 시간에 '아나'라는 이름을 사용한다.) 외국어를 배울 때는 실수를 감수해야 하는 일이 잦다. 새로운 언어를 배우고 익히는 일은 바로 그 점 때문에 어렵고 두렵다. 친구들 앞에서 실수를 저지르는 게 죽기보다 싫은 청소년기에는 말할 것도 없다. 이때 자신의 본명 대신 새로운 이름을 사용하면, 아이들은 외국어 수업시간 동안 잠깐이나마 별개의 인격(persona)을 갖게 된다. 외국어 이름을 사용하게 하면 아이들은 자기에게 주도권이 있다고 느끼게 되는데, 이런 느낌은 특히 외국어를 배울 때 중요하다. 새로운 언어를 배우는 과정에서 평소의 나와는 다른 누군가가 되어보는 경험을 할 수 있기 때문이다. 새로운 단어를 발음하는 일도 평소의 내가 아니라 '도미니크'나 '아나'일 때 더 쉽게 도전할 수 있다.

학생들을 별명으로 불러도 될지 고민이 된다면, 먼저 스스로에게 물어볼 필요가 있다. '목표가 무엇인가? 왜 별명을 사용하고자 하는가? 별명을 사용하면 학생들의 자존감이나 소속감, 안전에 도움이 될까, 아니면 방해가 될까? 아이들이 주도권(sense of power)과 행위주체성을 기르는 데 별명이 도움이 될까, 아니면 별명 때문에 스스로를 열등하다고 여기게 될까?' 이런 질문에 답을 구하는 과정이 필요하다.


## 이름을 긍정적인 맥락에서 사용하라

교사는 아이들이 온종일 자신의 이름이 어떻게 불리는지 모두 듣고 있다는 사실을 잊어서는 안 된다. 자기 이름이 긍정적인 맥락에서 불리는 것을 자주 듣는 아이들이 있는 반면, ("메리, 주말 잘 보냈니?" "마커스, 아침에 미술 준비물 정리를 도와줘서 고마웠어.") 부정적인 맥락에서 불리는 것을 자주 듣는 아이들도 있다("실라스! 그만하고 진정해!" "조시, 부모님 확인서는 왜 아직도 안 가지고 오는 거니?") 이 중 부정적인 맥락에서 불리는 상황이 자주 생기는 아이들이 어떤 영향을 받고 있을지 생각해보라. 당연하게도, 긍정적 정체성(positive identity)이 부족한 아이일수록 부정적으로 불릴 가능성이 더 높다.

5학년 때 1년을 가르친 알렉스라는 학생이 바로 그런 아이였다. 아이가 쓴 시를 봐주려고 "알렉스, 잠깐만 이리 나와봐."라고 말했을 뿐인데 아이는 갑자기 공책을 바닥에 집어던지며 폭발했다. "아, 진짜! 나 아무것도 안 했어요! 왜 모두 나만 갖고 그래요?" 알렉스는 혼나는 데 이골이 난 아이였던 것이다. 자기 이름이 불렸을 때 알렉스가 폭발하지 않고 조용히 나와서 일대일 쓰기 지도를 받게 되기까지 수 개월이 걸렸다. 알렉스는 동료교사가 단순히 자기 이름을 부르는 것만으로도 극심한 두려움에 빠졌던 것이다.

교사가 한 아이를 대하는 방식이 학급 전체에 영향을 미치게 된다는 것 또한 기억해야 한다. 교육자 앤디 두시스(Andy Dousis)는 「매튜를 가르치면서 배운 것(What Teaching Matthew Taught Me)」이라는 글에서 자신의 경험을 이야기했다. 그는 교사가 불만과 짜증이 가득한 목소리로 아이를 대하면 긍정적인 교우관계가 절실히 필요한 한 아이를 반 전체가 함부로 대하게 된다는 것을 보여주었다. "나는 반 아이들이 매튜를 대하는 방식에 분명 영향을 미쳤다. 좀 더 정확하게 말하면, 영향을 미친 것을 넘어서 우리 반 아이들에게 매튜를 대하는 잘못된 방식을 가르치고 있었다.

내가 매튜를 향해 화를 내며 소리칠 때, 그 모습을 본 23명의 아이들은 '우리도 저래도 되겠구나' 하고 생각했을 것이다. 나는 아이들 앞에서 시범보이기(modeling)라는 확실한 교수전략을 썼던 것이다. … 의도한 바는 아니지만, 매튜를 대하는 나의 태도는 우리 반 아이들에게 강력한 시범으로 작용했다. 아침에 매튜에게 다정하게 인사하는 일을 멈추자 다른 아이들도 매튜에게 인사를 하지 않았다. 내가 매튜에게 화를 내며 명령하사 다른 아이들도 매튜를 그렇게 대했다. 이 일은 시범보이기의 힘을 매우 새롭고도 고통스럽게 깨닫게 해주었다"(2007).

가급적 모든 학생의 이름을 부정적인 맥락보다는 긍정적인 맥락에서 부르고, 어려움을 겪는 학생이 있을 때는 다른 아이들이 다 들도록 크게 부르지 말고 가능하면 조용히, 아무도 모르게 다가가야 한다. 이름을 부르지 않고, 혹은 작은 소리로 부르면서 아이 옆에 가서 눈을 맞추는 것만으로도 충분히 의사소통을 할 수 있다. 학생들의 이름을 최대한 긍정적으로, 자주 부르도록 특별히 노력하라.


## 모둠 이름 정하기

학급 전체든 학급 내 소모둠이든, 학생을 집단으로 부르는 방식에 대해서도 생각해볼 필요가 있다. 이때도 학생 개개인의 이름을 정하고 부르는 원칙을 적용할 수 있다. 존중하면서도 주도권을 부여하는 이름을 지으면, 학생들이 긍정적인 자아감을 갖게 되어 교사가 원하는 바람직한 학급의 특성을 키워나갈 수 있게 된다. 학급을 어떻게 부를지 결정할 때, '교사로서 나는 학생들이 스스로를 어떻게 인식하길 (또는 어떻게 생각하길) 바라는가?' 하고 자문해보라(<표 4.1> 참조).

모둠 이름을 짓는 데는 창의적인 다양한 방법이 있다. 예컨대, 내 아이들이 다녔던 학교에서는 5학년 아이들이 매년 새로운 동물 이름을 차용해 학급 이름을 붙였다. 각 학급의 이름은 학년이 시작하고 몇 주 후에 이루어지는 명명식에서 공개됐다. 또, 보스턴의 한 차터스쿨(charter school, 공적 자금을 받아 교사·부모·지역단체 등이 설립하는, 대안학교 성격을 가진 공립학교를 말한다—옮긴이)을 방문했을 때, 대학교 이름을 따서 (6학년 교실 이름을 지은 것이 눈에 띄었다. 아이들은 '노스이스턴' 교실에서

표 4.1  호칭과 관련해 생각해볼 문제

| 흔한 호칭의 예 | 잠재적 문제 | 적절한 호칭의 예 |
|---|---|---|
| 남학생과 여학생<br>남자와 여자 | 학생들의 성별이 지나치게 강조된다 | 과학자<br>독서가<br>음악가<br>수학자<br>운동선수<br>예술가 |
| 로빈슨 선생님 학급<br>나의 학급 | 학생이 교사의 소유물인 것처럼 들리거나, 학급의 고유한 특징을 결정 짓는 것이 교사 한 사람이라는 듯이 들린다. | |
| 아가<br>병아리<br>꼬맹이 | 학생들을 무시하는 것처럼 들린다. | |
| 친구들 | 학생들은 교사의 '친구'가 아니다.<br>모든 아이가 서로 '친구'인 것도 아니다.<br>진정성이 없다. | |

수학수업을, '하버드' 교실에서 과학수업을, '보스턴' 교실에서 문학수업을 들었다. 대학이 그들 모두에게 가까이 있다는 생각에 익숙해지도록 하기 위해서였다.

초등학교나 중학교 교실에 더 적합한 또 다른 방법은 학생들 스스로 학급 이름을 짓게 하는 것이다. 이 경우 서두르지 말고 학생들이 충분히 생각할 수 있도록 도와주어야 한다. 먼저, 학급 이름을 지으려는 이유를 설명한다. 긍정적인 소속감을 갖기 위해서인지, 학급이 지향하는 목표와 고유의 특징에 이름을 붙이고 그것을 기념하기 위해서인지 등을 명시하는 것이다. 그러고 나서 학생들끼리 며칠에 걸쳐 브레인스토밍을 하고 토의하면서 이름 후보를 결정하도록 한다. 교사는 적절하지 않은 이름이 거론될 경우 그 이름을 거부할 수 있지만, 이때에도 학생들을 존중하는 태도를 보여야 한다. (예: "'보송보송 핑크닌자토끼'는 재미있는 이름이긴 하지만, 우리가 학급 이름을 지으려는 본래의 이유와는 맞지 않는 것 같아.") 모두가 선호하는 이름이 무엇인지 합의하는 절차를 거쳐 최종 이름을 결정하고 나면, 학급을 지칭할 때 항상 그 이름을 사용하도록 한다. (예: "도전 반, 이제 점심 먹으러 가자!")

## 결론

애칭을 사용하는 이유에 대해 유치원 교사들과 함께 이야기를 나눈 적이 있다. 그때 누군가가 "제 안의 '엄마' 속성 때문인 것 같아요."라고 말하며 운을 뗐다. "많은 아이들이 집에서 충분히 사랑받지 못하잖아요. 그래서 저는 제 아이들에게 하는 것처럼 학생들을 아가나 꼬맹이라고 불러요."
동료교사들도 이 말에 몹시 공감했다. 이들은 모두 매우 전문적이고 사
려 깊은 교사였고, 마음이 좀 불편하더라도 자신의 행동을 돌아보고 솔
직하게 질문할 준비가 돼 있었다. 애칭을 사용하는 것과 관련된 문제는
이들에게 꽤나 불편한 주제였다. "저도 이 문제에 대해 기꺼이 생각해보
고 싶어요. 그런데 좀 긴장되네요." 하고 말하는 교사도 있었다.

여러분도 학생을 어떻게 부를지 고민하며 비슷한 경험을 했을 것이다.
그러나 여러분의 언어습관을 지금 당장 바꿀 필요는 없다. 우선은 잠시
멈춰 생각해보자. 여러분의 목표는 무엇이며, 여러분이 사용하는 언어는
그 목표와 얼마나 일치하는가? 학생의 이름을 부르는 것과 관련해 그 목
표와 더욱 잘 부합하도록 조금 바꾸거나 조정할 만한 부분이 있는가? 만
일 그렇다면 언어습관을 바꿔야 할 좋은 이유가 될 것이다. 이름을 부르
는 간단한 행위만으로도 교사는 학생의 긍정적 정체성을 효과적으로 강
화할 수 있다. 또한 학생들은 이를 통해 학교에서 마주하는 재미있고 도
전적인 과제들을 더욱 기꺼이 받아들일 수 있게 될 것이다.

"점점
시끄러워지네!

지시가
불분명한
말

05

교사가 된 첫해 첫날 학생들을 데리고 처음으로 교실 밖으로 나서려던 참이었다. 학생들에게 "여러분은 이제 4학년이니까 조용히 나와서 줄서는 방법을 알 거예요. 자, 나와서 줄을 서세요." 하고 말했다. 그러자 몇몇이 다른 아이들을 밀치면서 뛰어나왔다. 나는 경악을 금치 못했다. 문 근처에는 한 무리의 아이들이 모여 서 있었고, 몇몇은 아예 뒤처져서는 줄을 설 생각조차 하지 않고 있었다. '이건 뭐지? 내가 방금 조용히 줄을 서라고 하지 않았나?'

이와 비슷한 일이 그 후로도 여러 차례 벌어졌다. 왜일까? 아마 그 전해에 아이들을 맡았던 3학년 교사들이 각기 다른 방식으로 줄서기를 지도했기 때문일 것이다. 아니면 아이들이 긴 여름방학을 보내는 동안 학교에서의 행동은 집이나 여름캠프에서의 행동과는 달라야 한다는 사실을 까맣게 잊었기 때문일 수도 있다. 유사한 일을 몇 번 더 겪은 후에야 나는 아이들이 학교에서 어떻게 행동해야 하는지 당연히 알고 있으리라고 교사가 넘겨짚어서는 안 된다는 사실을 깨달았다. 좀 더 자세히 말하자면, 교사인 내가 원하는 행동양식을 모든 아이가 알고 있다고 생각해서는 안 되는 거였다. 아이들에게 더 명확하고 구체적으로 지시할 필요가 있었다.

성공적인 학교생활에 필요한 적절한 행동양식, 루틴(routine, 날마다 규칙적으로 하는 일이나 절차를 말한다–옮긴이), 사회성·감성 스킬을 익힐 수 있도록 지도하고자 할 때 교사가 저지르는 실수는 이 외에도 더 있다. 교사는 자기도 모르게 아이들의 긍정적인 행동이 아니라 부정적인 행동에 더 집중할 때가 있는데, 그러면 아이들은 사기가 꺾이고 혼란에 빠진다.

교사의 기대치가 지나치게 높으면, 어떤 아이들은 패배감을 느끼고 옳은 일을 하려는 시도조차 하지 않게 된다. 또, 확실하고 명확하게 지시해야 할 때 교사가 두루뭉술하고 모호한 표현을 사용하면 아이들이 교사의 지시를 오해할 수도 있다. 요즘처럼 바삐 돌아가는 학교에서는 그 속도에 압도된 나머지 교사가 학생지도를 수행할 짬을 내지 못하는 경우도 있다. 그러면서 교사는 학교에서 어떻게 행동해야 하는지 아이들 스스로 알아주기를 바란다. 교사기 이런 실수를 저지르면 결과는 뻔하다. 학급은 곧 혼란에 빠지고, 교사는 그 혼란을 수습하고 아이들의 잘못된 행동에 대응하느라 너무 많은 시간을 허비하게 된다. 이제 아이들의 긍정적인 행동을 지원하기 위해 교사가 어떤 언어를 써야 하는지 몇 가지 주요 아이디어를 살펴보자.

## 바라기만 해서는 학급운영을 할 수 없다

바람직한 행동과 교사의 기대치에 대해 너무 자주 이야기하지 않는 편이 좋다고 생각하는 교사들이 종종 있다. 긍정적인 학급 분위기를 유지하고 싶어서다. 또 시간에 쫓겨 이 중요한 일을 건너뛰는 경우도 있다. 그러면서 그저 학생들이 알아서 잘하겠거니 하고 막연히 바라거나, 어떻게 행동해야 할지 모두 잘 알고 있으리라 넘겨짚는다. 이는 특히 중·고등학교 교실현장에서 매우 흔한 일이다. 하지만 학급을 운영하는 데 있어 교사가 명확한 기대치를 설정하지 않으면, 많은 것을 우연에 맡기는 것과 다름없다. 실험도구는 장난감으로 전락하고, 교사의 언성은 점점 높아질 것이며, 누군가는 마음에 상처를 입을 것이다. 무엇을 어떻게 해야 하는지 아이들이 당연히 알고 있을 것이라고 기대해선 안 된다. 언젠가 한 선생님은 내게 이렇게 말했다. "바라기만 해서는 학급운영을 할 수 없어요."

아이들을 성공으로 이끌려면 교사는 한 발 앞서 생각해야 한다. '아이들이 이상적으로 행동하고 있다면, 그 모습이 어떻게 보이고, 들리고, 느껴져야 할까?' 교사의 기대치에 도달하는 과정에서 아이들이 어떤 어려움을 겪게 될지도 교사는 미리 생각해두어야 한다. '아이들이 무엇을 어려워할까? 도중에 어떤 문제가 생길 수 있을까?' 하고 한 발 앞서서 생각해봐야 한다는 뜻이다. 이런 과정을 거친 다음, 적절한 행동, 스킬, 루틴을 지시하고 시범을 보여주어 아이들이 그에 따라 바르게 행동할 수 있도록 도와줘야 한다. 나와 함께 일했던 중학교 교사들은 이를 '프론트로딩(front-loading, 한 발 앞서서 도움을 주는 것을 뜻한다-옮긴이)'이라 불렀다. 그중 한 과학교사는 토론시간에 이렇게 말했다. "약간의 프론트로딩만으로도 아이들이 활동을 훨씬 더 잘하게 되는 걸 보면 놀라워요. 무엇을 해야 할지 알더라고요."

따라서 교사로서 우리가 가장 먼저 해야 할 일은 아이들의 학습이 어떤 모습이어야 하는지를 명확하게 그려보는 것이다. 〈표 5.1〉은 각각의 활동이 어떤 모습이어야 하고, 어떤 어려움이 예상되는지를 보여준다. 교사는 이를 통해 어떤 선제조치를 취해야 할지 생각해볼 수 있다.

표 5.1   수업 중 발생할 수 있는 어려움을 예상해보기

| 상황 | 이상적인 모습 | 예상되는 어려움 |
|------|---------------|-----------------|
| 과학실험 | •활동적이고 상호작용이 활발하다<br>•목적이 뚜렷하다<br>•효율적이다<br>•수업자료를 안전하게 사용한다 | •소란스러워질 수 있다<br>•잡담하느라 과제에 집중하기 어려울 수 있다 |
| 글쓰기 | •조용하다<br>•집중한다<br>•개인별 글쓰기에 몰두한다<br>•필요한 경우 약간의 토론이 가능하다 | •각자 자리에 앉아 말없이 글쓰기 준비를 하거나 과제에 집중하는 것을 어려워할 수 있다 |
| 점심시간에 교실에서 급식실로 이동하기 | •조용하다<br>•차분하다<br>•질서있다<br>•여유롭다<br>•효율적이다<br>•타인을 존중한다 | •배가 고파서 짜증이 날 수 있다<br>•복도에서 친구나 선생님을 만나면 잡담하고 싶어 한다 |
| 밴드 리허설 | •목적이 뚜렷하다<br>•생산적이다<br>•친밀하다<br>•지원한다<br>•즐겁다 | •소란스럽고 혼란스러워질 수 있다<br>•몇몇 학생이 연주할 때 나머지 학생들은 기다려야 해서 지루해할 수 있다 |

자신이 바라는 학습경험이 어떤 모습인지 구체적으로 그려보고 무엇이 문제일지 예측하면, 교사는 어떤 언어를 사용해야 학생들을 바르게 지도할 수 있는지 알 수 있다. 이번 장의 나머지 부분을 관통하는 핵심 아이디어는 다음과 같다.

- 무엇을 하지 말아야 할지가 아니라 무엇을 해야 할지에 집중하라.
- 학생들을 존중하는 현실적인 기대치를 설정하라.
- 긍정적인 어조를 사용하라.
- 학생들로부터 아이디어를 얻어라.
- 직접적이고 명확하게 말하라.

## 무엇을 하지 말아야 할지가 아니라 무엇을 해야 할지에 집중하라

수영장 안전요원으로 일하던 시절, 안전수칙을 안내할 때는 무엇을 하지 말아야 하는지보다 무엇을 해야 하는지에 집중하는 편이 좋다고 배웠다. 예를 들어, 물놀이 파티에 초대된 아이들을 데리고 안전수칙을 복습할 때, 특정 행동을 금지하기보다는("수영장에서는 뛰어다니지 마세요!") 바람직한 행동을 주지시키는 편이("수영장에서는 반드시 걸어다녀야 해요!") 좋다. 마찬가지로, 파티가 시작되고 아이들이 뛰어다니면 "뛰지 마세요!"가 아니라 "걸으세요!"라고 말해야 한다. 이렇게 하는 건 다음 두 가지 이유에서 중요하다. 먼저, 특정 행동을 금지하는 데 초점을 맞추면 그 외의 부적절한 행동에 대해서는 허용의 여지를 남기는 셈이 된다. "뛰지 마세요!"라고 말하면, 아이들은 뛰지 않는 대신 깡총깡총 뛰거나, 높이 점프를 하거나, 한 발로 뛰거나, 경보를 할 수도 있다. 그러니 바람직한 행동을 지시함으로써 옳은 행동이 무엇인지를 더욱 명확하게 전달하는 편이 좋다. 두 번째 이유는 말할 때의 어조와 관련이 있다. 금지된 행동이나 잘못된 행동을 지적할 때보다는 올바른 행동에 초점을 맞출 때, 긍정적인 어조로 말할 수 있다. 뛰는 아이에게 "걸으세요!"는 무엇이 옳은 행동인지 상기시키는 말로 들리지만, "뛰지 마세요!"는 잘못된 행동을 대놓고 지적하는 말로 느껴지기 때문이다.

교사가 기대하는 바를 긍정적인 방식으로 언급하면, 교사가 아이들의 선의를 알고 있다는 것을 전달할 수 있기 때문에 교실 내에 학생을 존중하는 분위기를 만들고 상호신뢰를 쌓을 수 있다. 나는 초등학교 6학년 때 첫 과학시간을 얼마나 기대했는지 모른다. 여러 교과목의 이동수업을 하는 첫 해였기 때문에 어쩐지 어른이 된 것 같은 느낌이었다. 과학실은 진짜 과학실험실 같아 보였다. 벽에는 복잡한 해부도가 붙어 있었고, 선반에는 포름알데히드 병에 보존된 동물 사체들이 전시돼 있었으며, 캐비닛 위에는 현미경이 가지런히 정돈되어 있었다. 그런데 갑자기 선생님이 학생들이 과학용품을 훔쳐가지 못하도록 캐비닛을 잠가둘 거라는 말로 첫 수업을 시작했다. 누구든 물건을 훔치다 걸리면 매우 곤란해질 것이라는 엄포도 잊지 않았다. 그 말을 듣자 몹시 황당하고 속상했다. 나는 과학을 배운다는 기쁨으로 가득 차있는데, 선생님은 우리가 무언가를 훔쳐 갈 것이 분명하다고 생각하며 경계의 눈초리를 보내고 있다니! 그 경험은 정말 큰 상처로 남았다. 그해 과학수업은 재미있었지만, 우리가 선생님으로부터 신뢰받지 못한다는 느낌을 좀처럼 떨쳐버릴 수 없었다. 〈표 5.2〉는 특정 행동을 금지하기보다는 옳은 행동이 무엇인지에 초점을 맞추는 편이 좋다는 것을 보여준다.

하지만 아이들의 잘못된 행동을 정확하게 짚어줘야 할 때도 있지 않을까? 특정 맥락에서 어떤 문제행동이 발생할 수 있는지 교사가 알고 있고,

**표 5.2 옳은 행동이 무엇인지 정확히 말해주기**

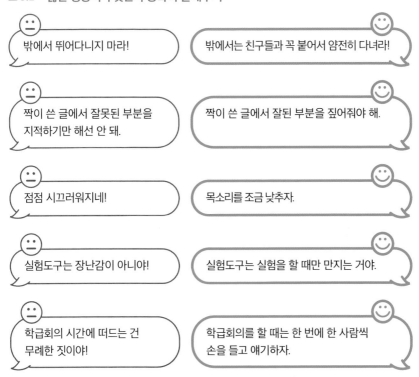

이를 학생들에게 미리 알려줌으로써 문제행동을 사전에 방지할 수 있다면 어떨까? 분명 그런 경우가 있다. 효과적인 학급운영 방법 중 한 가지는 문제상황을 미연에 방지하는 것, 즉 문제가 벌어지기 전에 그것에 대해 사전에 주의를 주는 것이다.

이제, 문제가 발생하기 전에 긍정적인 방식으로 조치를 취하는 방법에 대해 알아보자. 학생들이 잘못을 저지를 때, 아이들이 나쁜 마음을 먹고 일부러 문제행동을 하는 것이 아니라 좋은 의도에서 비롯된 실수라고 생

표 5.3  공감을 바탕으로 구체적으로 지시하기

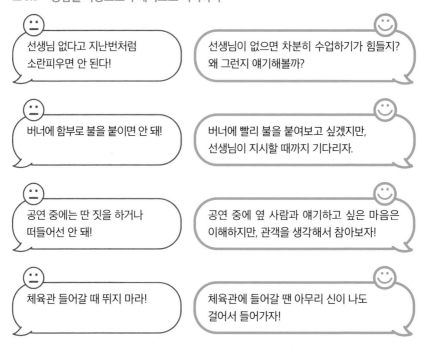

각하고 지도하려면 어떻게 해야 할까? <표 5.3>은 교사가 먼저 공감해주고 구체적으로 지시하는 방법을 보여준다.


## 학생들을 존중하는 현실적인 기대치를 설정하라

학업성취에 대해 높은 기대를 갖는 것이 중요한 것처럼 교사는 학생들의 행동에 대해서도 높은 기대를 가져야 한다. 그러나 이 기대치는 현실적이어야 한다. 즉, 교사의 기대치는 학생들 입장에서 달성 가능한 범위 내에 있어야 한다. 그런데 교사들은 목표치를 비현실적으로 한껏 높여 잡은 다음, 아이들이 제발 그 중간만 해줘도 좋겠다고 생각하는 경우가 많다. 실은 애초의 목표가 바로 그 중간 지점이었으면서 말이다. 예를 들어, 밴드연습 때 튜닝 중인 다른 학생들을 기다리는 상황을 생각해보자. 소곤소곤 말하는 정도는 괜찮다는 걸 알면서도 교사는 굳이 "다른 친구들이 준비하는 동안 아무 소리도 내지 마세요." 하고 말한다. 이런 말을 들으면 아마 여러분은 '아무 소리도 내지 않는 게 아니라, 질서 있게 기다리는 게 핵심 아닌가?' 하는 생각이 들 것이다. 이 경우처럼 교사의 지시가 교사가 실제로 바라는 내용과 다를 때 학생들에게 어떤 메시지가 전달될지 생각해보자. 아마 아이들은 절대로 선생님을 만족시킬 수 없다고 체념하거나, 아니면 선생님의 기대에 미치지 못해도 상관없다고 생각하게 될 것이다. 그러므로 교사는 현실적인 기대치를 설정한 다음, 학생들이 이를 따를 수 있도록 도와야 한다. 위 경우에 교사는 "다른 친구들이 튜닝을 잘 마칠 수 있도록 목소리를 낮추자. 그러면 곧 다함께 연주할 수 있게 될 거야."라고 말하는 게 효과적이다. 그리고 아이들이 큰 소리를 내기 시작하면 다시 집중하도록 즉시 도와준다. 이렇게 하면 달성 가능한 수준의 높은 기대치를 설정하고, 이에 도달하게 하는 것이 가능해진다. 학생들은 실제로 이 기대치에 성공적으로 도달할 수 있을 뿐 아니라 선생님이 말하는 바와 의미하는 바가 일치한다는 것을 배우게 될 것이다(<표 5.4> 참조).

표 5.4 실행 가능한 목표와 적절한 기대치를 설정하기

| 실행 불가능한 목표 | 실행 가능한 목표 | 필요할 때 다시 상기시키기 |
|---|---|---|
| "복도에서는 절대 말하지 마라." | "복도에서는 소곤소곤 말해라." | "복도에서는 소곤소곤 말해야 한다는 걸 잊지 마." |
| "수업시간에는 절대 스마트폰이나 전자기기를 사용하면 안 돼." | "수업시간에는 학습에 도움이 되는 경우에 한해서만 스마트폰이나 전자기기를 활용할 수 있어. SNS나 음악은 여기에 해당되지 않아." | "브라이언, SNS는 오늘 활용하지 않아. 선생님 책상에 스마트폰을 놓아두고, 수업이 끝나면 찾아가도록 해." |
| "지금부터 45분 동안 세 페이지 꽉 채워서 써라." | "지금부터 45분 동안 글쓰기에 집중해라." | (산만해진 학생들에게 다가가서) "자, 10분 남았어. 다시 집중해보자." |

## 긍정적인 어조를 사용하라

교사는 공항의 '지친 보안요원 목소리'로 말하지 않도록 주의해야 한다. 근무교대만을 기다리고 있는 듯 보이는 공항 보안요원의 목소리를 들어본 적이 있는가? 보안요원들은 근무하는 내내 같은 이야기를 반복한다. 그러다보니 교대시간이 다가올 무렵이면 너무나도 지친 나머지 몇몇 단어를 과도하게 강조하는 경향이 있다. "**핸드폰**보다 **큰** 전자기기는 **모두** 꺼내주십시오. **신발**을 모두 벗어주십시오. **벨트**를 풀어주십시오." "**액체류**를 가지고 있으면 안 됩니다. 가방에 **물**이 있다면 꺼내서 **마시거나** 쓰레기통에 **버리세요.**" 보안요원들은 4시간 내내 사람들에게 똑같은 지시를 하고 또 해야 한다는 사실을 믿을 수 없다는 듯이 말한다. 정작 지금

줄을 서는 사람들은 그날 그 안내를 처음 듣는 사람들이라는 사실을 잊어버린 채로 말이다.

나 역시 피곤하거나 짜증스러울 때 이러한 어조로 말하는 경우가 있는데, 가만히 생각해보면 우스운 일이다. 심지어 역효과를 낼 수도 있다. 우리가 그런 어조로 말할 때 속으로 무슨 생각을 하고 있는지를 말로 표현해보면, 공항 보안요원의 생각과 별반 다르지 않을 것이다. "10년이나 가르쳤는데도 매년 의자를 안전하게 옮기는 법을 알려줘야 하다니! 이쯤 되면 알아서 좀 해줘야 하는 것 아닌가?" 하지만 교사가 매년 같은 절차를 설명하고 시범을 보여야 하는 건 당연한 일이다. 왜냐하면 매년 다른 교사로부터 배우는 아이들에게는 새 담임교사가 설명하는 내용이 완전히 새롭게 느껴질 것이기 때문이다. 여행을 앞두고 많은 것을 한꺼번에 생각하느라 정신없는 사람에게, 벨트나 손목시계를 풀어달라는 친절한 안내는 큰 도움이 된다. 밝고 환영하는 목소리로 그 내용을 안내하면 "이미 알고 계시겠지만, 한 번 더 알려드리는 게 좋을 것 같아서요."라는 메시지를 은연중에 전달할 수 있다. 이는 여행객의 기분이나 태도에 커다란 긍정적 변화를 가져오기도 한다. 다른 사람이 존중과 예의를 갖춰 여러분을 대한다면 여러분 역시 타인을 좀 더 이해하고 공감할 수 있지 않겠는가?

## 학생들로부터 아이디어를 얻어라

올바른 행동을 유도하는 또 하나의 효과적인 방법은 긍정적인 행동에 대한 아이디어를 학생들끼리 공유하게 하는 것이다. 주어진 상황에서 적절히 행동하는 법을 학생들 모두가 안다고 가정해서도 안 되지만, 학생들이 아무것도 모른다고 예단해서도 안 된다. 학생들은 학교생활에 대해 저마다 다양한 경험과 스킬, 아이디어를 갖고 있다. 교사는 무엇이 올바른 행동인지를 학생들에게 묻고 관련 아이디어를 구함으로써 학생들의 자신감과 주인의식을 높여줄 수 있어야 한다.

긍정적인 교실공동체를 만들기 위해 학생들에게 아이디어를 묻는 방법으로는 다음과 같은 것이 있다.

- 긍정문으로 물어보라. "우리가 뭘 하지 말아야 할까?" 대신에 "우리가 뭘 해야 할까?"로 물어라. 학생이 부정문으로 대답한다면("기분 나쁜 별명으로 친구를 부르면 안 돼요."), 다음과 같이 질문해서 긍정문으로 바꿔 말할 수 있게 도와라. ("그러지 않으려면 어떻게 해야 할까?")
- 학생들에게서 어떤 아이디어가 나와도 받아들일 수 있을 때, 그리고 학생들이 적절한 아이디어를 제안할 수 있겠다고 생각될 때에만 학생들의 의견을 구하라. 교사가 하나의 구체적인 답변을 기대하고 있는 상황이거나, 학생들의 경험이 부족해 적절한 아이디어가 나오기 어려운 경우라면 교사가 기대하는 긍정적인 행동이 무엇인지 직접적으로 알려주는 편이 좋다.
- 바람직한 행동에 관해 의견을 물을 때, 교사의 요구사항이 아니라 학급규칙이나 이상에 초점을 맞춰라. 그래야 '바람직한 행동'

이 교사에게 순종하기 위해서가 아니라 규칙을 지키기 위해 필요한 것이 된다. 그러면 불필요한 힘겨루기를 피할 수 있다.

- 학생들이 새로운 아이디어를 내고, 성장하고 배울 수 있도록 그들의 과거 경험을 활용하라. 특히 학년 초에 이 방법을 이용하면 모든 학생이 스스로를 가치 있게 여기고 '나도 학급에 기여할 수 있다'고 생각할 수 있게 된다.

구체적으로 다음과 같은 예가 있다.

- 컴퓨터실에서: "오늘 우리가 효율적이고 생산적으로 작업하면, 짧은 시간 안에 엄청나게 많은 걸 배우게 될 거야. 그러려면 어떻게 행동해야 하는지 생각해볼까?"
- 독서 동아리: "어제 모임에서 있었던 일을 떠올려보자. 잘한 부분도 있지만, 더 잘할 수 있었던 부분도 있을 거야. 자, 오늘 우리가 책을 읽고 토론하는 데 집중하려면 어떻게 해야 할까?"
- 아이디어를 내기 위한 학급토론: "토론시간에 서로 존중하면서도 생산적이고 다양한 아이디어를 활발하게 공유하려면 우리 반 규칙을 어떻게 활용할 수 있을까?"
- 미술실에서 정거장 활동(station activity)을 할 때: "정거장 활동을 할 때 질서를 지키려면 어떻게 해야 할까?"
- 교실 비품을 소개할 때: "다들 각도기를 사용해본 적이 있을 거야. 일 년 내내 이 각도기를 고장 없이 사용하려면 어떻게 해야 할까?"

## 직접적이고 명확하게 말하라

올바른 행동을 유도하는 가장 중요한 방법은 학생들에게 지시를 내리거나 지도를 할 때 직접적이고 명확하게 말하는 것이다. 루스 차니(Ruth Charney)가 『Teaching Children to Care(아이들이 관심을 갖도록 지도하기)』(2002)에서 강조했듯 교사는 자신이 의미하는 바를 말해야 하고, 말하는 바를 의미해야 한다. 일상적인 대화에 모호한 언어가 끼어들어서는 안 된다는 뜻이다. 그중 흔한 몇 가지 예를 소개하면 다음과 같다.

## 질문의 형태로 지시하지 마라

루틴을 따라 수업을 진행하고 학급을 관리하고자 할 때 교사가 가장 흔히 저지르는 실수는 지시를 내려야 할 때 질문 형태로 말하는 것이다. 그렇게 하는 이유는 요구사항을 부드럽고 친절한 어조로 말하기 위해, 또는 좀 더 친근하고 덜 강압적으로 말하기 위해서다. "모두 조사자료를 꺼내서 작업을 시작할까?" 하고 말하면 "모두 조사자료를 꺼내서 작업하도록 해." 하고 말할 때보다 더 상냥하게 느껴질 수 있다. 하지만 지시문이 질문의 형태를 띠면 학생들은 그 지시를 따를지 말지 선택할 권한이 자신에게 있다고 착각하게 된다.

지시문 끝에 "그렇지?" 하고 덧붙이는 것 또한 지시 대신 질문을 하는 방식에 속한다. "지금부터 모두 조용히 해야겠다, 그렇지?" 하고 의견을 묻듯이 말하면 마치 지시내용에 따를지 말지는 듣는 사람이 결정해도 된다는 듯이 들린다. 교육학자 데이브 브라운(Dave Brown)은 『Becoming a Successful Urban Teacher(도심지 학교에서 성공적인 교사되기)』(2002)라는 책에서, 특히 교외지역 출신 교사들이 이런 식의 표현을 도심지 학교(urban school, 인구밀집 지역에 위치해 있고 다양한 인종적 배경과 열악한 환경의 아이들이 주로 다니는 학교를 의미한다 – 옮긴이)에서 사용할 때 문제가 된다고 주장했다. "지시문이 짧고 단호하면 너무 명령하듯 들리지 않을까 생각할 수 있지만, 도심지 학교의 학생들이 교사의 지시사항을 따르게 하려면 지시문이 짧고 명확해야 한다"(p. 73). 대체로 도심지 학교의 아이들은 지시사항이 모호하면 말귀를 이해하지 못해 지시대로 따라하지 못하는데, 이때 교사는 이 아이들을 매우 비협조적이고 반항적이라 오해하고 혼내기 십상이다. 당연히 아이들은 자기가 왜 혼나는지 이해하지 못한다.

표 5.5   질문 형태로 지시하지 않고 직접 지시하기

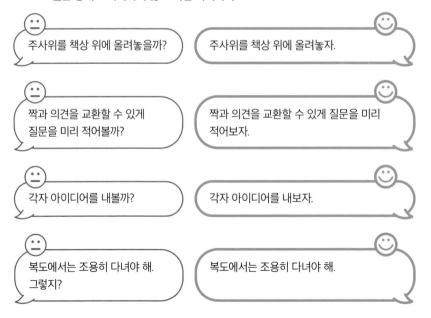

따라서, 모든 학생이 교사의 지시를 성공적으로 따를 수 있게 하려면 교사는 단호하면서도 친근한 어조로 직접적이고 명확하며 협상 불가능한 지시를 내려야 한다(<표 5.5> 참조).

## 가짜 개방형 질문을 피하라

특히 조심해야 할 질문 형태가 있다. 교사는 학생들로부터 생각을 이끌어 내기 위해 개방형 질문(open-ended question, 답이 하나로 정해져 있지 않고 다양한 답변을 할 수 있도록 유도하는 주관식 질문을 말한다—옮긴이)을 던지는 경우가 많다. 가령 이런 식이다. "오늘 우리 반에 외부연사(guest speaker)가 오실 텐데, 그분이 환영받고 존중받는다고 느끼게 해드리려면 어떻게 행동해야 할까?" 교사가 무엇을 지시하고 있는지 확실히 알게 하는 게 목적이고, 질문에 대한 답이 다양하게 나올 수 없는 경우라면, 질문을 할 것이 아니라 직접적이고 명료하게 지시를 내려야 한다. 가짜 개방형 질문, 즉 답이 정해져있지 않은 개방형 질문처럼 들리지만 사실은 답이 하나로 정해져있는 질문을 던지면 아이들은 오히려 혼란스러워하거나 좌절할 수 있다.

<표 5.6>의 예를 보라. 왼쪽 칸에 제시된 상황에서 학생들은 '선생님이 무엇을 생각하고 있는지 추측하는 게임'을 하는 것이나 마찬가지다. 이는 재미도 없을 뿐더러 귀한 수업시간을 낭비하게 한다. 또, 그 과정에서 핵심 내용이 흐려져 학생들이 잘못된 정보를 기억하게 될 수도 있다.

표 5.6　혼란을 주지 않는 방식으로 말하는 법

| 가짜 개방형 질문 | 직접적이고 명확한 지시 |
|---|---|
| **교사:** 가위를 같은 모둠 친구에게 건네줄 때, 어떻게 주는 것이 좋을까?<br>**학생:** 책상 위로 밀어서 줘요.<br>**교사:** 아니지. 그러면 다른 친구 손에 닿을 수 있잖아. 다른 의견 있는 사람?<br>**학생:** 살살 던진다?<br>**교사:** 살살이라고 했는데, 그건 맞아. 하지만 던지는 건 여전히 위험해. 누구 또 다른 의견이 있을까?<br>**학생:** 책상을 빙 둘러서 건네준다?<br>**교사:** 그럴 수도 있겠네. 그건 생각 못했다. 그런데 건네줄 때 어떻게 해야 할까?<br>**학생:** 가위를 닫고, 날 끝을 잡은 상태에서 다른 사람한테 건네주면 돼요. 상대방이 손잡이를 잡을 수 있게요.<br>**교사:** 그렇지! | **교사:** 오늘 활동을 하다보면 가위를 같은 모둠 친구에게 건네줘야 할 때가 있을 거야. 그러면 먼저 가위를 닫고, 날 끝을 잡아. 그런 다음 친구가 손잡이를 잡을 수 있게 가위를 건네주면 돼. 자, 선생님이 시범보이는 걸 잘 봐. |

## '부탁 좀 할게'와 '고마워'를 자제하라

교사는 예의 바른 모습을 본보기로 보여주어야 하며 학생들은 '부탁해'나 '고마워'라는 말을 적절히 사용하는 법을 배워야 한다. 하지만 교사로서 기대하는 바를 명확하게 밝히고자 할 때는 이런 표현을 써서는 안 된다. 지시를 내려야 할 때 '부탁해'나 '고마워' 같은 표현을 쓰면 교사의 말이 가볍게 여겨지거나 빈정거리는 듯 느껴져 지시로서의 힘을 잃고, 심지어 반어적으로 들릴 수 있다.

질문의 형태로 지시할 때와 마찬가지로 '부탁해'라는 말 역시 지시사항을 마치 선택사항인 것처럼 느끼게 할 수 있다. "이제 제자리로 돌아가자. 부탁할게."라고 말하면, 제자리로 돌아가도 되고 안 돌아가도 되는 것처럼 들린다. "이제 제자리로 돌아가자. 고마워."라는 말 역시 이상하다. '아직 제자리로 돌아가지도 않았는데 선생님이 왜 고마워하지?' 하고 의아해할 수 있기 때문이다. 심지어 이 두 표현을 함께 쓰는 교사도 있다. "이제 제자리로 돌아가자. 부탁할게, 고마워!" 빠르고 가벼운 어조로 이렇게 말하면 학생과 교사 사이에 거리감이 생길 수 있다. 어딘지 빈정거리는 듯한 느낌이 들기 때문이다.

그러면 교사는 언제 이런 표현을 써야 할까? 정말로 선택 가능한 일에 대해 "부탁해." 하고 말하면 학생들에게 무언가를 요청하면서도 예의를 차리는 적절한 표현이 될 수 있다. "누구든 쉬는시간에 어항 청소를 좀 도와줄 수 있을까? 부탁할게."라고 말하면서 지원자를 받고, 정말로 누군가가 돕겠다고 한다면 그때 고맙다는 표현을 사용하면 된다. "미카엘라, 자원해줘서 정말 고마워!" 하고 말이다.

## '안 돼'라고 말하라

학생들이 해서는 안 되는 행동을 하거나 허용되지 않는 행동인 줄 알면서도 허락을 구하는 때가 있다. 이때 교사는 직접적이고 분명하게 말해야 한다. 하지만 요청이나 지시를 부드럽게 하려다 보면 여지를 남기는 표현을 사용하기 쉽다(<표 5.7> 참조). 실제로는 "안 돼."라는 의미이면서 "그건 안 되지 않을까?"라고 말하는 때가 그 예다. 교사가 단호함을 누그러

표 5.7  단호하게 '안 돼' 라고 말하기

상황 : 아이가 과제를 마치기 위해 아이패드를 집에 가져가도 되는지 묻는다.

아이패드를 집에 갖고 가는 건 좋은 생각이 아닌 것 같구나.

아이패드는 집에 가져갈 수 없어. 학교에서 마무리하도록 하자.

상황 : 아이가 그네 지지대를 타고 올라가고 있다.

위험해. 얼른 내려오면 좋겠다.

얼른 내려와. 거기는 올라가면 안 돼.

상황 : 아이가 수학문제를 풀면서 음악을 들어도 되는지 묻는다.

음악을 들으면서 문제풀이에 집중할 수 있을지 모르겠네.

안 돼. 음악은 문제풀이에 집중하는 데 방해가 되거든.

뜨리는 말을 쓰면 아이들은 혼란에 빠질 수도 있고, 넘을 수 있는 선을 시험하려 들 수도 있다. 그러면 학생들과 함께 애써 만들고 있는 안전한 학급공동체가 무너지게 된다.


**결론**

어려운 나눗셈을 하는 법, 논설문 쓰는 법, 수영이나 달리기 계주를 할 때 재빠르게 출발하는 법 등 새로운 스킬을 배울 때, 아이들에게는 친절한 안내와 시범보이기, 충분한 연습이 필요하다. 아이들은 실수를 저지를 수도 있고 코칭이 필요할 수도 있다. 단순히 무엇을 해야 하는지 지시하는 것만으로는 충분하지 않다. 아이들이 긍정적인 행동을 학습하기를 바란다면 교사는 아이들이 겪을 수 있는 어려움을 미리 예상해야 한다. 그런 다음, 긍정적인 표현, 명확하고 직접적인 표현, 단호하면서도 친절한 표현을 사용해 지시해야 한다.

하지만 그렇게 했는데도 여전히 올바른 행동을 익히는 데 어려움을 겪는 아이들이 있다면 어떻게 해야 할까? 다음 장에서 그 문제를 다루도록 하겠다.

"도대체
몇 번을
말해줘야
되니?"

문제아
취급하는
말

06

5장에서는 아이들의 행동을 바르게 이끌기 위해 교사가 어떤 말을 써야 하는지 알아보았다. 그 일환으로, 예상되는 어려움을 미리 내다보고 지원하는 방법, 학생들이 교사의 기대치를 더욱 명확하게 이해하도록 하는 방법을 살펴보았다. 하지만 이렇게 주의를 기울여 사려 깊게 지도해도 학생들이 여전히 잘못된 행동을 한다면 어떻게 해야 할까? 여기서 분명히 해둘 것이 하나 있다. 교사가 경계를 명확하게 설정하고 긍정적인 행동을 가르쳐도, 아이들은 규칙을 어기고 실수를 하게 돼 있다는 점이다. 학생들이 강력한 자아감(sense of self)을 기를 수 있도록 교사가 성심껏 돕고, 안전하고도 협업하는 공동체를 만들기 위해 아무리 애를 써도 문제는 생기게 마련이다. 교사는 이를 예상해야 하고 심지어 기대해야 한다. 오래전, 훈육에 있어 '애정과 논리 접근법(Love & Logic approach, 아이들은 실수하면서 성장하고, 자신의 선택과 그 결과를 통해 배운다는 믿음에 기반한 훈육법이다-옮긴이)'을 주창한 사람 중 하나인 짐 페이(Jim Fay)는 이렇게 말한 적이 있다. "우리가 애정을 쏟을 만한 아이들이라면, 반드시 규칙을 어기게 돼 있습니다."

아이들이 실수로부터 배우고, 긍정적인 학급공동체를 지속적으로 만들어갈 수 있게 하려면 어떻게 해야 할까? 어떻게 하면 학생을 존중하고 친절하게 대하면서도 기대치에 대해서는 명확하고 단호한 태도를 유지할 수 있을까?

## 메리포핀스의 단호함과 친절함을 기억하라

영화 〈메리포핀스(Mary Poppins)〉를 본 적이 있는가? 메리포핀스가 면접을 보러 뱅크스 씨 집에 도착한 뒤 벌어지는 일을 묘사한 장면은 얼마나 웃긴지 모른다. 메리포핀스가 보모 구인광고 속 직무기술서(job description)의 내용을 큰 소리로 읽는 동안, 뱅크스 씨는 안절부절 어쩔 줄 몰라 하며 벽난로 속을 들여다보다가 그만 벽난로 위 선반에 머리를 찧는다. 그 구인광고는 사실 뱅크스 씨의 아이들, 제인과 마이클이 전날 밤에 작성했던 것으로 뱅크스 씨가 화를 내며 찢어서 벽난로에 던져넣었던 바로 그것이었기 때문이다. 메리포핀스는 당황한 척하며 뱅크스 씨에게 괜찮은지 큰 소리로 물어본다. 이 모든 일이 벌어지는 가운데 메리포핀스의 성격을 나타내는 어구가 등장한다. "절대 화내지 않으면서도 몹시 단호한 쾌활한 성격." 아이들을 훈육할 때 어떻게 해야 하는지를 잘 보여주는 어구다.

단호하면서도 친절하기. 완벽한 조합이지만 그 둘 사이에서 균형을 잡기란 몹시 어려운 일이다. 친절함은 수용, 긍정, 사랑의 분위기를 자아내고, 단호함은 안전하다고 느낄 수 있도록 일정한 경계를 설정해준다. 친절하기만 하고 단호하지 않으면 교사가 유약해 보이고, 학생들은 안정감을 느낄 수 없어 불안해한다. 이 경우, 학생들은 교사가 설정해놓은 경계를 시험하려 들고, 이것을 제지하지 않으면 더 큰 위험과 더 잦은 시험이 이어진다. 빨리 손을 쓰지 않으면 교실은 점차 통제 불가능한 상태가 되고, 결국 학습이 중단된다. 반면에, 교사가 단호하기만 하고 친절하지 않으면 학생들은 교사와 중요한 정서적 관계를 맺을 수 없다. 교사와의 긍정적 관계는 매우 중요하기 때문에 관계 형성이 잘 되지 않으면 학생들은 학교로부터 멀어져 학습에 관심을 갖지 않게 된다. 잘 알려진 격언처럼 학생은 교사가 자기에게 관심을 보인다고 생각될 때 비로소 교사가 무엇을 알고 있는지에 관심을 기울인다. 우리 내면의 메리포핀스를 잘 이끌어내어 쾌활함과 단호함의 조화로운 균형을 이루도록 하자. 지금 당장!

## 문제가 커지기 전에 언급하라

교사는 아이들이 문제행동을 스스로 멈추고 제자리로 돌아오기를 바라는 마음에 개입을 하지 않고 지켜보는 때가 종종 있다. 하지만 이는 역효과만 초래할 뿐 많은 아이를 더욱 심각한 통제불능 상태로 몰아넣는다. 교사는 가만히 기다리기보다는 아이에게 주의를 주거나, 무엇을 해야 할지 상기시키거나, 다시 지시해서 아이가 빨리 제자리로 돌아올 수 있도록 도와야 한다.

아이에게 무엇을 해야 할지 상기시켜주면 아이가 이미 알고 있는 것을 자극하게 되므로 아이 스스로 통제할 수 있는 힘이 생긴다. 이 방법은 아이들이 정해진 경로를 이탈하려고 할 때, 또는 지금 막 이탈했을 때 특히 효과적이다.

- "실험도구를 안전하게 사용해야 한다는 걸 잊지 마."
- "각자 쓴 글을 가지고 선생님과 이야기를 나누려면 무엇을 준비해야 하는지 다시 한번 생각해보자. 혹시 기억나는 것이 있니?"

- "지금 너무 소란스러운 것 같은데. 어떻게 해야 차분해질 수 있는지 누가 한번 말해볼까?"

다시 지시하는 방식은 이보다 좀 더 직접적이다. 이때 교사는 무엇을 해야 하는지를 지시하되 짧고 명확하며, 단호하고도 친절한 목소리로 말해 협상이 불가능하도록 해야 한다. 이 방법은 학생들이 정해진 경로를 이미 이탈했을 때, 자기통제력을 되찾을 수 있도록 단호한 목소리가 필요할 때 특히 유용하다.

- "실험도구는 안전하게 사용하자."
- "각자 쓴 글을 가지고 나오기 전에, 제자리에서 먼저 질문을 써 보자. 그런 다음, 순서대로 대기자 명단에 이름을 쓰자."
- "그만! 너무 시끄럽네. 자, 차분하게 게임에 다시 집중해보자."

최근 한 교사와 함께 간단한 사고실험(thought experiment, 사물의 실체나 개념을 이해하기 위해 가상의 시나리오를 이용해 생각해보는 것을 말한다-옮긴이)을 해보았다. 자기통제력을 잃고 있는 학생에게 무엇이 문제인지 직접 알려주지 않으면 어떤 일이 벌어질지 상상해보았다. 상황은 이러했다.

수업시간에 리처드가 교실을 돌아다니고 있다. 교사는 리처드가 스스로 제자리로 돌아가 앉기를 바라면서 애써 무시한다. 계속해서 교실을 돌아다니던 리처드는 이제 다른 학생들의 물건을 만지거나 큰소리로 콧노래를 부르며 적극적으로 수업을 방해하기 시작한다. 교사는 리처드에게 "제자리로 돌아가줄래? 부탁할게." 하고 말했지만 아이는 "그러고 싶지 않아요."라고 불평스레 대꾸한다. 자기 자리로 걸어가는 듯 하더니 곧 방향을 틀어 다시 교실 여기저기를 돌아다니면서 친구들을 방해한다. 교사는 다른 학생들을 봐주면서 다시 한번 리처드를 무시한다. 교사는 리처드가 스스로 제자리로 돌아가주기를 바라지만, 아이는 선생님이 애써 모른 척하자 더욱 소란을 피우며 이제 책상과 책상 사이를 돌아다니기 시작한다. 지친 교사는 "리처드, 수업해야지? 좀 앉아주지 않을래?" 하고 말한다. 리처드는 선생님이 단호하게 말하지 않는 모습을 보고 의기양양해서는 "싫어요!" 하고 더 큰 소리로 외친다. 이제 아이는 손으로 책상을 두드리면서 선생님을 노려본다. 마치 선생님에게 "제발 저를 멈춰주세요!"라고 말하는 것 같다. 너무 많은 시간과 에너지가 낭비되고 있다는 사실에 화가 난 선생님은 결국 이렇게 소리친다. "리처드! 그만 해! 당장 네 자리로 돌아가거나, 싫으면 교장실로 가!" 그제야 아이는 교사와의 힘겨루기를 포기하고 툴툴거리며 제자리로 돌아가 앉는다. 이 과정을 거치며 아이는 교사에게 힘이 없다는 것을 알게 된다. 그런 상황에서 '교장실'을 언급한 뒤에야 겨우 아이를 제자리에 앉힐 수 있다면, 교사에게 아무런 권한이 없다는 생각은 더욱 강화될 것이다.

이번에는 교사가 이 시나리오의 초반부에 좀 더 적극적으로 나선다면 어떤 일이 벌어질지 상상해보았다.

수업시간에 리처드가 교실을 돌아다니고 있다. 교사는 아이에게 다가가서 "리처드, 지금은 수업시간이야. 선생님의 도움이 필요한 일이 있니?"라고 묻는다. 교사의 단호하고 명확한 목소리는 이것이 협상 가능한 일이 아니라는 메시지를 전달하고, 리처드를 자기 자리로 돌아가게 만든다. 아이는 그렇지 않다고 말하고 수업에 집중한다.

첫 번째 상황에서 교사가 아이의 행동을 모른척하고 단호하지 않은 표현을 사용하자 상황은 오히려 악화되었다. 아이의 행동을 바로잡기 위해 점점 더 많은 시간과 에너지를 들여야 했고, 교사와 아이가 서로 존중하지 못하는 분위기가 형성되었다. 두 번째 상황에서는 아이가 화를 내거나 더 과격한 행동을 하기 전에 교사가 문제를 명확하게 지적함으로써 아이가 재빨리 원상태로 돌아오게 만들었고, 그렇게 해서 다른 학생들도 각자 학습에 집중할 수 있었다. 물론 이 사고실험을 함께 진행한 교사는 지금 여러분이 품고 있을 바로 그 질문을 던졌다. 즉, 만약 단호하게 다시 지시를 한 후에도 아이가 제자리로 돌아가기를 거부해서 결국 교실 밖으로 아이를 내보내야 한다면 어떻게 해야 할까? 이와 같은 의문에 대해 우리는 사태가 어느 쪽으로 진행되든 교사가 직접적으로 지시해서 빨리 상황이 진정될 수 있게 해야 한다고 결론을 내렸다. 그래야 교사가 수업을 이어나갈 수 있고, 다른 학생들도 다시 학습에 집중할 수 있을 것이기 때문이다.

## 문제행동에 조심스럽게 대응하라

문제행동이 발생하면 교사는 가능한 한 일대일로 학생을 지도해야 한다. 아이들이 통제력을 잃기 시작할 때, 교사는 다른 아이들이 지켜보는 앞에서 한 아이와 공개적으로 대치하는 일이 벌어지지 않도록 주의해야 한다. 교사가 한 학생과 대립하는 장면을 다른 학생들이 지켜보고 있다는 건 그들 모두가 학습에 집중하지 않고 있다는 뜻이다. 더욱이 아이들 앞에서 교사와 대립하고 있는 학생은 친구들이 보고 있다는 생각에 그 갈등상황을 더 고조시켜 자신의 체면을 세우려 할 수도 있다. 그렇게 되면 교사가 미처 인지하기도 전에 공개적인 힘겨루기가 시작되고 만다. 학생을 따로 불러 아무도 보는 사람이 없는 상태에서 행동의 경계를 설정하면, 해당 학생은 자기통제력을 되찾고 친구들 사이에서 체면도 지킬 수 있다.

하지만 한 학생이 다른 학생에게 나쁜 말을 한 상황이라면 그 때는 정반대로 접근해야 한다. 예를 들어 하모니가 복도를 지나가는데 트리샤가 비웃으며 "너 그 스웨터 이번 주에 도대체 며칠이나 더 입을 작정이니?" 하고 말했다고 해보자. 이 경우 하모니는 물론이고 그 말을 들었을 가능성이 있는 학생들 모두가 볼 수 있는 곳에서 트리샤를 지도해야 한다. 트리샤의 말을 듣고도 교사가 그 말에 신경을 쓰지 않는다면, 학생들은 그런 행동이 용인된다고 생각할 수 있다. 이는 학내 괴롭힘이 증가하는 원인이 될 수 있다(Englander & Schank, 2010). "트리샤, 우리 학교에서 그런 말은 용납할 수 없어요." 하고 교사가 짧고 명확하게 말하기만 해도 전체 학생들에게 중요한 메시지를 전달할 수 있다.

## 발달단계상의 어려움을 예상하라

미국 초등학교 4학년 학생들이 흔히 잘못 쓰는 단어가 몇 개 있다. girl(gril), because(becuz, becse, becaus), could(culd, cud) 등이 그 예다. 성인들에게는 쉬운, 아주 평범한 단어들이지만 이 연령대 아이들에게는 어려울 수 있다. 4학년 학생들을 가르칠 때 나는 이런 쉬운 단어의 철자법이 아이들에게는 어려울 수 있다는 것을 항상 염두에 두어야 했다. 4학년생에겐 분수의 곱셈과 같은 추상적인 수학개념도 어려울 수 있다. 초안 쓰기는 좋아하지만 글을 고치고 다시 쓰는 작업을 힘들어하는 것도 마찬가지다. 물론 4학년 학생들에게서 찾아볼 수 있는 긍정적인 특징도 있다. 4학년이 되면 읽기가 유창해지면서 놀라운 읽기실력을 갖추게 되고, 점점 더 흥미롭고 복합적인 문학작품을 읽을 수 있게 된다. 프로젝트 활동이나 게임을 좋아하기 때문에, 어떤 내용을 학습하든 프로젝트나 게임으로 접근하면 열정적으로 배운다는 것도 그맘때 아이들의 특징이다.

조금만 생각해보면 학년별, 연령별로 전형적으로 나타나는 학업상의 어려움이나 긍정적인 특징을 떠올릴 수 있을 것이다. 교사가 아이들의 발달단계상 특징을 잘 알고 있으면, 무엇을 가르쳐야 할지 예상할 수 있다.

더 중요하게는, 학습과 관련해 학생들이 겪는 어려움에 대해 교사로서 좌절하기보다는 공감하고 이해할 수 있게 된다.

학생들의 문제행동에도 위와 마찬가지 원리가 적용된다. 4학년 아이가 girl을 gril로 잘못 썼을 때 교사가 비웃거나 짜증내면 안 되는 것처럼, 4학년 아이가 급식실에서 맨 끝에 서게 되어 자꾸 짜증을 낼 때도 "별 일도 아닌데 왜 그렇게 짜증을 내니?"라고 나무라기보다는 "짜증나겠구나. 나중에 학급회의에서 이 문제를 논의해보도록 하자."라고 공감해주는 게 좋다(<표 6.1> 참조). 만약 중학교 3학년을 가르치고 있다면, 그맘때 아이들은 정리정돈을 하고 책임감 있게 행동하는 데 미숙하다는 것을 이해하고 이 부분에 대해 교사로서 인내심을 갖자. 초등학교 1학년을 가르치고

표 6.1  먼저 공감해주고 해결책을 함께 찾기

상황 : 4학년 학생이 줄 맨 끝에 서게 되자 짜증을 낸다.

> 별 일도 아닌데 왜 그렇게 짜증을 내니?

> 짜증나겠구나. 나중에 학급회의에서 이 문제를 논의해보도록 하자.

상황 : 중학교 2학년 학생이 부모님 확인증을 받아오는 것을 잊어버렸다.

> 또 까먹었어? 확인증 받아오라고 도대체 몇 번을 말해줘야 되니?

> 확인증을 잊지 않고 받아올 수 있는 방법을 함께 찾아보자.

상황 : 2학년 학생이 다른 아이가 욕을 했다고 고자질한다.

> 친구를 일러? 상관하지 말고 너나 잘해!

> 그랬어? 저런, 학교에서 욕을 하면 안 되지!

있다면, 아이들이 체육복과 연필을 자꾸 물어뜯는 것에 대해서도 교사는 인내심을 가져야 한다. 이 무렵 아이들은 유치가 빠지고 새로운 이가 나느라 그런 것이니까!

## "그게 옳은 선택이었을까?"를 너무 자주 사용하지 마라

아이들이 실수를 하면 자신의 행동에 책임지게 하기 위해 교사는 이렇게 묻곤 한다. "그게 옳은 선택이었을까?" 최악의 질문은 아니지만 상당히 문제점이 많은 질문이다. 이와 같이 '예/아니요'로 답해야 하는 형식으로 물으면, 사실 교사가 기대하는 답변은 하나뿐이라는 뜻이기 때문에 이는 진정한 질문이 아니다. 교사가 그런 식으로 물으면, 아이들은 고개를 떨구며 "아니요."라고 대답할 것이다. 그런데 만약 아이들이 자신이 정말로 옳은 선택을 했다고 생각하는 경우라면 어떨까? "그게 옳은 선택이었을까?"라는 질문에 아이가 "네."라고 대답하면, 교사는 아이의 답변을 그대로 수용할 수 있을까? 게다가 아이들이 어떤 행동을 할 때는 반드시 의식적으로 선택해서 그 행동을 하는 게 아닌 경우도 많다. 어떤 아이가 밀치면 앞뒤 생각할 것 없이 곧바로 몸을 돌려 그 아이를 밀쳐버리는 것이 좋은 예다. 이는 의식적인 행동이 아니라 단순한 반응에 불과하다. 상대방을 밀쳤을 때 어떤 파장이 있을지 곰곰이 생각해본 다음, 그렇게 하는 편이 가만히 있는 편보다 더 낫겠다는 판단 하에 상대방을 밀치는 게 아니다. "친구를 밀치는 것이 옳은 선택이었을까?"라고 물으면, 아이 입장에서는 고의성이 전혀 없는 행동이었는데도 교사는 마치 어떤 의도가 있었던 게 아니냐고 묻는 셈이 된다. 다음번에 같은 상황이 벌어질 때 다르게 행동하는 법을 생각해보도록 하고 싶다면 이렇게 묻는 편이 좋다. "누군 가와 부딪혔을 때, '안전하고 친절하게 행동하기'라는 우리 반 규칙을 지키 려면 어떻게 행동해야 할까?"


## 실수도 배움의 일부라는 것을 기억하라

대부분의 교사는 실수가 용인되지 않는 방식으로 수업을 계획해서는 절 대 안 된다는 사실을 알고 있다. 단어를 잘못 발음하는 것은 읽는 법을 배우는 과정의 일부이다. 악보를 잘못 읽고 연주하는 것은 악기 연주를 배우는 과정에서 자연스럽게 나타나는 일이다. 기대하는 대로 실험결과 가 나오지 않을 수도 있는 실험을 계속 시도하는 것은 과학 탐구의 필수 적인 과정이다. 만약 어떤 아이가 실수를 전혀 하지 않으면서 수학문제를 풀고 있다면 그 아이가 수학자로서 제대로 성장하고 있다고 보긴 어렵다. 학습하는 과정에서 아이들이 실수를 했을 때, 실수를 통해 배우게 해야 한다는 구실로 아이들을 비판하거나 빈정거리거나 창피를 주는 교사는 아마 없을 것이다. 아이들이 글쓰기 과제를 할 때, 초안 작성을 몹시 어려 워하는 아이를 앉혀놓고 교사가 "도대체 뭐가 문제야? 왜 초안을 쓰지 않 는 거니? 몇 번을 더 말해야 쓸래?" 하고 호통친다면 아이의 학습에 얼마 나 해로울지 생각해보라.

하지만 행동상의 실수를 저질렀을 때 아이들은 벌을 받는 일이 흔 하다. 학급회의 시간에 자기 차례를 기다리지 않고 먼저 말했다는 이유로 교실 뒤에 서있는 벌을 받는다. 숙제를 가져오지 않았거나 수업시간에 집중하지 않았다는 이유로 쉬는시간을 뺏긴다. 친구를 험담하거나 수업을 빼먹었다는 이유로 방과 후에 남으라는 벌을 받는다. 이때 전달되는 메시지는 분명하다. 실수는 나쁜 것이며 피해야 한다는 것이다. 올바른 행동에 대해 보상해주는 것 역시 똑같은 메시지를 전한다. 처음 몇 해 동안 나는 모범행동을 하는 모둠의 학생들에게 점심 때 피자를 사주었는데, 이 역시 학생들에게 '실수는 나쁜 것'이라는 생각을 더욱 강화시켰다. 실수를 하면 피자를 먹기 어려워지니까 말이다.

행동상의 실수나 잘못을 저질렀을 때 교사가 신경질, 짜증, 화, 빈정댐, 혐오, 실망을 표출한다면 아이들은 교사로부터 어떤 메시지를 받게 될까? 교사가 그런 감정을 표출하면 아이들은 수치심, 당황, 두려움, 적개심, 분노와 같은 감정을 느끼게 된다. 아이들이 배우고 성장하기를 원한다면 이런 감정을 갖게 해서는 안 된다. 이런 종류의 감정 반응은 학습에 매우 부정적인 영향을 끼치기 때문이다. 저명한 교육학자이자 뇌 전문가인 에릭 젠슨(Eric Jensen)은 "위협은 방어기제를 유발해 생존에 적합한 행동을 하도록 유도하지만, 학습에는 최악이다. 이 사실은 아무리 강조해도 지나치지 않다."라고 말했다(1998, p. 57). 이는 모든 아이들에게 적용되지만, 특히 트라우마와 폭력에 시달리는 아이들, 다시 말해 투쟁, 도피, 또는 경직반응(fight, flight, or freeze, 스트레스 상황에서 나타나는 생리적 각성 또는 경직 상태로, 스트레스에 맞서 싸우거나, 회피하거나, 얼어붙는 반응을 뜻한다-옮긴이)을 일상적으로 겪는 아이들에게 더욱 중요하다. 불행히도, 학교에서 감정조절을 어려워하고, 다른 아이들보다 더 많은 실수를 저지르는 아이들은 바로 이 아이들이다. 상벌에 의존하는 전통적인 행동제어 방식은 특히 감정조절을 어려워하는 학생들에게는 적용하기가 어렵다. 로스 그린(Ross Greene)의 책 『엄마가 몰라서 미안해(The Explosive Child)』에는 다음과 같은 내용이 나오는데, 이 메시지는 교실에서도 유효하다. "결과에 따라 상이나 벌을 주면 오히려 아이들의 감정 폭발 빈도가 늘고 그 강도가 세지며, 아이들과의 관계가 악화된다. 왜 그럴까? 상과 벌은 융통성을 기르고 좌절을 인내하는 법을 익히는 데 도움이 되지 않기 때문이다. 아이들은 혼이 나거나 기대했던 보상을 받지 못할 때, 좌절감을 더 적게 느끼는 것이 아니라 오히려 더 많이 느낀다(2005, p. 78)."

부정적인 감정을 촉발하는 방식으로 훈육하는 교사는 아이들이 학습할 기회를 빼앗고, 심지어 도움이 가장 필요한 아이들에게 심각한 해를 끼칠 수도 있다. 그렇다면 학생들이 실수를 했을 때 교사는 어떻게 반응하고 말해야 할까? 우리 자신이 실수를 했을 때 어떤 도움을 받고 싶은지를 생각해보면 된다.

## 행동의 결과를 강조하는 훈육법에 대해

행동의 결과를 강조하는 것은 훈육의 중요한 부분이다. 행동의 결과를 강조하면 경계가 분명하고 안전한 환경을 만들 수 있기 때문에 학생들이 긍정적인 행동을 학습할 수 있다. 하지만 행동의 결과에 과도하게 의존하지는 말아야 한다. 글쓰기를 지도할 때, 교사가 모든 철자법 오류를 잡아내고 일일이 고쳐주지는 않는다. 그 대신 음소규칙을 알려주고, 적절한 지도와 필요한 지원을 해주면서 읽고 쓸 기회를 준다. 마찬가지로, 결과를 강조하는 훈육법 역시 긍정적인 행동을 가르치기 위한 일환이어야지 그것이 훈육의 중심이 되어서는 안 된다.

교직원회의에서 일어날 수 있는 익숙한 장면을 한번 떠올려보자. 교장 혹은 교감 선생님이나 동료교사가 교직원회의에서 중요한 정보를 공유하고 있는데 당신은 집중하지 못하고 있다. 아픈 자녀 때문에 온 신경이 거기에 쏠려 있기 때문이다. 스마트폰을 탁자 밑에 두고 아이에게 문자를 보내자 답장이 와서 그 후로도 몇 분 동안 아이와 문자를 주고받았다. 그러느라 놓친 회의내용을 옆자리 동료에게 물어보았다. 물론 교직원회의에서 문자를 보내고 잡담을 하는 행동이 부적절한 행동이라는 사실을 당신도 잘 알고 있다. 수업시간에 학생들이 문자를 보내고 잡담을 한다면 교사로서 당신 역시 상당히 불쾌할 것이기 때문이다. 교장 선생님이 교직원회의에서의 행동을 지적하고자 한다면, 당신은 어떻게 해주기를 바라는가? 아마도 회의 도중 다른 동료들 앞에서 지적하기보다는 따로 불러 조용히 말해주기를 원할 것이다. 또 당신이 고의로 그렇게 무례한 행동을 한 것이 아니었음을 교장 선생님이 알아주기를 바랄 것이다.

나는 최근 뉴햄프셔 주 롤링스포드에서 6학년 담당 키트리 선생님의 교실에서 다음과 같은 상황을 관찰한 적이 있다. 한 아이가 과제에 집중하지 못하고 있었다. 과제는 7분 동안 '씨앗글', 즉 나중에 장문의 글로 발전시키게 될 단문 한 토막을 쓰는 것이었다. 하지만 아이는 노트북 컴퓨터 앞에 앉아서 씨앗글을 쓰지는 않고 예전에 썼던 글을 열어 제목에 쓰인 글씨체를 이리저리 바꿔가며 놀고 있었다. 다른 친구들을 방해하지는 않았지만 과제를 하지 않고 있는 건 분명해 보였다. 이 모습을 지켜보던 키트리 선생님은 학습과 관련된 실수를 다룰 때와 같이 차분하고 편안한 태도로 아이에게 다가갔다(<표 6.2> 참조).

**표 6.2   교사의 태도에 따라 학생의 반응이 달라지는 예**

| 교사의 태도 | 학생 앞에 팔짱을 끼고 서서는 짜증을 낸다.<br>"뭐하고 있는 거니? 지금 뭘 하고 있어야 하지?" 하고 비난한다. |
|---|---|
| 학생의 반응 | 학생은 아마도 하던 일을 멈추거나("아무것도 아니에요.") 화를 낼 것이다.<br>("글 쓰고 있어요! 글 쓰라고 하셨잖아요?") |

| 교사의 태도 | 차분하게 다가가서 학생 옆에 무릎을 굽혀 앉은 다음 눈을 맞추고 묻는다.<br>"잘 되어가니?" |
|---|---|
| 학생의 반응 | "뭘 써야 할지 모르겠어서 이러고 있어요."라고 대답한다. |

키트리 선생님은 먼저 학생이 편안하게 응답할 수 있는 감정적 환경을 조성했다. 그 덕분에 아이는 마음을 열고 무엇이 문제인지 설명할 수 있었다. 선생님이 다짜고짜 비난부터 했다면 아이는 아마 위협을 느꼈을 것이다. 선생님이 화를 내거나 짜증을 냈다면 아이 역시 화가 나서 상황이 악화되었을 것이다. 그러면 다른 아이들의 학습도 방해를 받게 되어 학급 분위기 전체가 불안정해진다. 그렇게 되면 학급 전체의 학습능력이 현저히 떨어지고, 학생들이 나중에 그 학생과 갈등을 빚을 가능성이 높아진다.

이 외에도 학생의 행동상의 실수와 교사가 그에 대해 반응하는 방식을 좀 더 살펴보자(<표 6.3> 참조). 다시 한번 강조하지만, 실수는 배움의 과정에서 지극히 자연스러운 부분이다. 학생들의 행동에 실수나 잘못이 있을 때, 교사는 학습과정에서의 실수를 다룰 때와 마찬가지로 공감하는

표 6.3  잘 몰라서 그런 거라 생각하고 고쳐주기

상황 : 쓰레기를 휴지통에 똑바로 넣지 못하고 주변에 흘리고 간다.

장난치지 말고 휴지통에 똑바로 넣지 못해?

잘 주워서 다시 휴지통에 넣어라.

상황 : 모둠활동 중에 짝에게 갑자기 화를 낸다. "야 이 멍청아!"

친구한테 누가 그렇게 함부로 밀 하니?

자, 이럴 때는 어떻게 말하면 좋을지 한번 생각해보자.

상황 : 학습영상을 보는 시간인데 스마트폰에 이어폰을 끼고 음악을 듣는다.

스마트폰 집어넣으라고 몇 번이나 말했지?

스마트폰 이리 주고, 수업 끝나면 찾아가렴.

자세와 긍정적인 가정 하에 접근해야 하며, 이를 학생들의 성장을 이끌어주고 도와줄 기회로 여겨야 한다.


## 실수했을 때는 사과하라

2월 중순이었다. 헤일리라는 아이가 수학과제를 하지 않고 버티고 있었고, 나는 지치고 피곤했다. 헤일리는 내게 도움을 요청해놓고는 정작 설명할 때는 듣지 않고 "어떻게 푸는지는 관심 없고, 답이나 알려주세요!"라고 말했다. 나는 인내심을 갖고서 대답했다. "아니, 네가 직접 풀 수 있어야 해. 선생님이 문제를 어떻게 푸는지 잘 보렴." 헤일리는 다시 소리를 높여 "아니요, 필요 없어요. 답이나 가르쳐 달라고요!"라고 했고, 나는 "1분 후에 올 테니 다시 해보자."라고 말했다. 다른 학생을 봐주며 심호흡을 한 뒤 1분 후에 다시 그 아이에게 갔다. 헤일리는 또 거부했다. "이딴 문제 어떻게 푸는지 알고 싶지 않아요!" 나는 헤일리가 감정이 격해질 때 쓸 요량으로 함께 만들어둔 둘만의 규칙을 일러주었다. "헤일리, 우리가 만든 규칙 생각나? 교실에서 하든, 상담실에서 하든 진정하고 숨을 고른 다음 다시 돌아와서 해보기로 했지?" 하지만 아이는 얼굴을 잔뜩 찌푸리더니 내 면전에서 혀를 날름 내밀었다. 결국 폭발한 나는 비아냥거리며 말했다. "너 참 대단하다. 도대체 몇 살이니? 당장 상담실로 가!" 헤일리는 연필을 집어 던지고 교실을 뛰쳐나갔다.

부끄럽게도 그 아이를 공격하면서 화를 버럭 내니 잠시나마 기분이 나아졌다. 하지만 이내 끔찍한 기분이 들었다. 내 원래의 의도는 무엇이었을까? 나는 결국 아이의 감정을 건드렸다. 헤일리를 제대로 지도하지 못하는 나의 무능력, 그러니까 내가 교사로서 무능하다는 생각에 화가 나서 침착함을 잃고 말았다. 하지만 헤일리는 그런 식으로 상호작용을 해서는 안 되는 아이였다. 헤일리는 욕을 퍼붓고 감정조절에 미숙한 어른들 사이에서 성장한 아이였기 때문에, 선생님만큼은 친절하고 감정을 조절할 수 있으며 신뢰할 만하다는 것을 보여줘야 했다. 애초에 내가 세운 목표도 바로 그것이었다.

20분쯤 후 헤일리가 상담실에서 돌아왔을 때 나는 사과할 준비가 되어 있었다. 문 앞에서 아이를 맞으며 오른손을 내밀어 이렇게 말했다. "헤일리, 아까 일은 미안하다. 화가 많이 났었어. 선생님이 감정조절을 했어야 하는데, 정말 미안해."라고 말했다.

교사들도 실수를 할 수 있다. 인내심을 잃을 수도 있고 후회할 말을 할 수도 있다. 때로는 너무 관대해 교실이 난장판이 될 수도 있다. 학생에게 빈정댈 수도 있고 상처를 줄 수도 있다. 이런 일은 늘 일어난다. 그러나 이런 일이 생기더라도 교사는 자신의 행동에 대해 책임지는 모습을 보여주면서 최선을 다해 진정성 있게 존중의 마음을 담아 사과해야 한다. 이 상황을 어른으로서 올바른 행동을 모범적으로 보여줄 기회로 삼아야 한다.

## 결론

최근 한 학교를 관찰하면서 교실 안에서 벌어지는 사소하지만 잘못된 행동 여러 가지를 발견했다. 내가 본 것을 기억하고 싶어서 메모지에 기록하기 시작했다. 30분 동안 그 교실에서 내가 목격한 것은 다음과 같다. 잡담하기, 책상 밑으로 스마트폰 보기(문자나 SNS 하기), 구석에서 다른 일 하기, 농담하기, 지각하기, 수업이 끝나기 전에 나가기, 노트북 컴퓨터를 앞뒤로 전달하기, 여러 가지 색깔펜으로 사진에 색칠하기, 다른 사람 말이 끝나기 전에 자기 할 말 하기, 모둠에서 멀찍이 떨어져 앉기, 멀리 앉아 있는 사람에게 사탕 던지기, 다른 사람 방해하기, 장난감 계속 뒤집기. 중요한 것은, 놀랍게도 이 모든 것이 학생이 아니라 교사의 행동이었다는 사실이다. 그날 교사들은 학업에 어려움을 겪는 학생을 지도하는 방법에 관해 서로의 생각을 공유하기 위해 한 자리에 모인 것이었다. 그 자리에 참석한 교사들 어느 누구도 의도적으로 그 모임을 방해하려던 것은 아니었다. 아무도 다른 사람을 고의로 무시하거나 방해하려고 하지는 않았다는 뜻이다. 그날 내가 목격한 것은 사람이 모이는 곳이라면 어디서나 일어날 수 있는 아주 자연스러운 일이었을 뿐이다.

교사로서 우리는 종종 서로 감당할 수 있는 수준보다 더 높은 수준을 학생들에게 기대하는 경향이 있다. 또 올바른 행동이 무엇인지를 큰 틀에서 지도했다면 그 학년이 문제없이 진행되는 한 학생들의 실수나 잘못을 일일이 지도할 필요는 없다고 생각할 때도 있다. 사람들이 함께 모여 배울 때 언제든 실수는 일어나게 돼 있다는 사실을 명심하자. 그리고 수업시간에 학생들을 제자리로 돌아오게 하고 다시 집중하도록 지도할 때 항상 평정심과 미소를 유지하자.

"당장
집어넣지
않으면
압수할 거야!"

상과 벌에
의존하는
말

07

어떤 이들은 학교와 교사가 아이들의 도덕적·윤리적 발달에 관여할 필요가 없다며 다음과 같은 의문을 제기한다. 도덕과 윤리는 부모와 가족의 영역이 아닌가? 학교는 지적 발달을 담당하는 것에 집중하고, 도덕성에 관해서는 손대지 말아야 하는 것 아닐까? 도덕성은 학교가 떠맡기엔 너무 불확실한 영역이 아닌가?

하지만 교사는 도덕성 함양 교육을 하지 않을 수 없다. 교사가 의도했든 아니든 학생들은 교사가 매일 교실상황에서 어떻게 반응하는지를 보면서 특정한 도덕규범을 배운다. 한 학생이 친구에게 심술궂은 말을 했다고 가정해보자. 이때 교사가 "엘리제, 친구한테 좋게 말해야지."라고 말한다면, 교사는 '친구에게 나쁜 말을 하는 것은 옳지 않다.'라는 도덕적 의미를 전한 것이다. 그런데 똑같은 상황에서 교사가 학생의 말을 못 들은 척하고 아무런 언급을 하지 않는다면, 이 또한 '친구에게 나쁜 말을 해도 괜찮다.'라는 입장을 드러낸 것이다.

학습이 일어나려면 안전하고 지지하는 환경이 마련되어야 하고, 이를 위해서 교사는 학생들이 친절하고 협조적으로 상호작용할 수 있도록 도와야 한다. 도덕적이고 윤리적인 가치를 가르치는 것은 이 과정에 포함돼 있다. 대부분의 학교가 학교 차원에서 행동에 대한 규정이나 규칙, 규범을 만듦으로써 이를 인정한다. 학교마다 세부 규칙이나 지도 방침은 다르지만, 그 내용은 존중, 친절, 정직, 진실성, 그 밖의 보편적인 윤리적 가치 등으로 거의 비슷하다.

## 도덕적 추론 위계 이해하기

하버드대학교의 발달심리학자 로렌스 콜버그(Lawrence Kohlberg)는 아동의 도덕적 발달(moral development) 양상을 이해하는 데 아마도 가장 큰 공헌을 한 사람일 것이다. 그가 제시한 도적적 추론의 위계(hierarchy of moral reasoning)는 도덕적이고 윤리적인 행동에 대해 교사가 학생들에게 어떻게 말하고 있는지 돌아보게 한다. 아래의 설명은 학교상황에 적용할 수 있도록 일부 각색한 콜버그의 도덕적 추론 위계(1981)이다. 여기에서 우리는 인간의 도덕적 추론 양상, 즉 무엇이 옳은 행동이며 왜 그러한지 판단하는 방법을 살펴볼 수 있다. 각각의 도덕적 추론 양상에 익숙해지고 나면, 교사가 평소에 쓰는 말이 콜버그의 도덕적 추론 단계 중 어디에 속하는지 알 수 있다.

### 1단계: 처벌 피하기

도덕적 추론의 가장 낮은 1단계에 있는 사람들은 처벌을 피하는 것을 주된 목표로 삼는다. 따라서 이 단계에 있는 학생들은 복도에서 뛸지 말지를 결정할 때, 뛰면 누군가에게 걸려 혼날 가능성이 있는지를 고려한다. 이 단계에서 판단의 근거가 되는 질문은 "내가 혼나거나 처벌을 받을까?"이다.

### 2단계: 보상받기

도덕적 추론의 2단계에 있는 사람들 역시 자신에게 돌아올 이익, 즉 보상을 고려해 판단한다. 이 단계에 있는 학생들은 복도에서 뛰지 않고 걸으면 스티커를 받거나 학급 피자파티를 여는 데 필요한 점수를 쌓을 수 있을 것이라고 생각한다. 여기에서 판단의 근거가 되는 질문은 "내게 돌아오는 보상이 뭐지?"이다.

### 3단계: 칭찬이나 인정받기

도덕적 추론의 3단계에 있는 사람들은 사회적인 인정과 관계에 의해 동기부여가 된다. 즉, 칭찬을 받거나 사회적 인정을 얻기 위해 특정 행동을 한다. 이 단계에 있는 학생은 이렇게 추론한다. '복도에서 뛰지 않고 걸으면 선생님한테 칭찬을 받게 될 거야. 그리고 나에 대해 좋게 생각하시겠지.' 여기에서 판단의 근거가 되는 질문은 "사람들이 나에 대해 어떻게 생각할까?"이다.

### 4단계: 규칙 준수하기

도덕적 추론의 4단계에 있는 사람들은 공동체가 유지되려면 규칙이 필요하기 때문에 자신도 규칙을 따라야 한다고 생각한다. 사람들이 규칙을 따르지 않으면 모든 것이 엉망이 될 것이라고 추론하는 것이다. 이 단계의 학생은 이렇게 추론할 것이다. '모두가 복도에서 뛰면 복도가 혼란스러워질 거야.' 여기에서 판단의 근거가 되는 질문은 "모든 사람이 규칙을 준수하지 않으면 어떤 일이 벌어질까?"이다.

### 5단계: 타인 존중하기

도덕적 추론의 5단계에 있는 사람들은 옳은 일을 행할 때, 자신의 행동이 타인이나 공공의 이익에 미치는 영향을 고려한다. 이 단계에 있는 학생은 이렇게 추론할 수 있다. '뛰지 않고 걸어다니면 나는 다른 사람들의 안전을 지킬 수 있어.' 여기에서 판단의 근거가 되는 질문은 "나의 행동이 타인에게 어떤 긍정적인 영향을 미칠까?"이다.

연구에 따르면, 도덕적 딜레마 상황에 대해 학급토론을 함으로써 학생들의 상위단계 도덕적 추론능력을 발달시킬 수 있다(Blatt & Kohlberg, 1975). 이런 상황에 대해 토론을 하려면 상위단계의 도덕적 추론이 필요하므로 도덕적 추론능력은 이러한 토론을 통해 더욱 향상된다(Walker & Taylor, 1991). 또 교사가 말하는 방식도 학생들의 도덕적 발전과 성장에 분명한 영향을 미친다.

교사는 학생들이 도덕적이고 윤리적으로 사고하고 행동하기를 바라면서도 정작 어떤 행동에 대해 학생들과 이야기할 때는 하위단계의 도덕적 추론을 강조하는 경우가 많다. "빨리 줄을 서면 칭찬상자에 구슬을 하나 넣어줄게." 하고 독려하거나(2단계), "조용히 안 하면 쉬는시간에도 계속 연습한다!" 하고 겁을 주는 경우(1단계)가 그 예다. 또 "과제를 빨리 끝내면 수업 끝나기 전에 자유시간을 줄게." 하고 구슬리기도 한다(2단계). 이처럼 행동에 관한 한 우리는 아이들을 교육시키기보다는 통제하려 애쓴다. 그 이유는 아마 이런 형태의 언어가 좀 더 즉각적인 결과를 이끌어내기 때문일 것이다. 협박이나 유인책은 아무래도 단기간에 학생들의 주의를 끌기에 좋다. 물론 긍정적인 행동을 유도하기 위해 하위단계(벌을 피하거나 보상을 받는 등)의 도덕적 추론이 필요한 아이들도 있다. 하지만 그런 아이들에게 할 말을 반 전체를 대상으로 해서는 안 된다. 어떤 행동을 해야 하는 이유 또는 하지 말아야 하는 이유로 교사가 하위단계의 도덕적 근거를 제시하면 아이들도 하위단계의 도덕적 추론을 하게 된다. 보상을 받으려면 또는 처벌을 피하려면 바르게 행동해야 한다는 메시지가 전달되기 때문이다. 아무도 지켜보지 않는 상황에서도 학생들이 옳은 일을 행하기를 바란다면 하위단계의 도덕적 추론을 의미하는 언어표현을 써서는 안 된다.

격려의 말도 도덕적 추론의 단계에 따라 각기 다른 느낌을 줄 수 있다. 우리 모두에게 익숙한 상황을 예로 들어보자. 교사가 잠시 교실을 비운 사이에 다른 선생님이 들어오기로 돼 있다면, 이 때 교사는 학생들이 그 선생님께 공손하고 책임감 있게 행동하기를 바랄 것이다. (참고로, 이때 그 선생님을 '임시교사(substitute teacher 또는 sub)'라고 칭하는 것과 '초빙교사 (guest teacher)'라고 칭하는 것 사이에는 엄청난 차이가 있다.) <표 7.1>의 맨 아래에서부터 위로 차례로 올라오면서 각 예시를 읽어보자.

단계가 올라갈 때마다 각각의 말이 얼마나 다른 느낌을 주는지 알겠는가? 모든 단계에서 초빙교사로 오는 선생님께 친절하고 공손하게 행동해야 한다고 말하고 있지만, 왜 그렇게 해야 하는지에 대해서는 서로 다른 이유를 강조한다. 잠시 후에 우리는 콜버그의 도덕적 추론 위계 중 낮은 단계에 해당하는 언어습관을 살펴볼 것이다. 또 그와는 다른 표현을 사용함으로써 학생들의 도덕적 추론능력을 키울 수 있는 방법을 알아볼 것이다. 그러나 그 전에 학교에서 규칙이 어떤 역할을 하는지에 대해 간단히 논의할 필요가 있다. 어떤 종류의 규칙이냐에 따라서 우리의 언어습

**표 7.1    도덕적 추론 단계에 따른 말하기의 예시**

| 도덕적 추론 단계 | 초빙교사에게 친절하고 공손하게 행동해야 한다고 말하는 상황의 예시문 |
|---|---|
| 5단계<br>타인 존중하기 | "우리가 친절하고 공손하게 행동하면, 초빙교사로 오신 선생님은 존중받고 있다고 느끼실 거야. 우리 교실이 모든 사람을 환영하는 장소가 되는 거지!" |
| 4단계<br>규칙 준수하기 | "우리 규칙에 다른 사람에게 친절하고 공손하라고 돼 있지? 오늘 오후에 초빙교사가 오실 때도 이 규칙을 지켜야 해." |
| 3단계<br>칭찬이나<br>인정받기 | "초빙교사가 오실 때 친절하고 공손하게 행동하면, 선생님은 여러분이 정말 자랑스러울 거야." |
| 2단계<br>보상받기 | "초빙교사가 오실 때 친절하고 공손하게 행동하면, 스티커판에 스티커를 몇 개 더 붙여줄게. 곧 아이스크림 파티를 할 수 있겠다!" |
| 1단계<br>처벌 피하기 | "초빙교사가 오실 때 무례하거나 불손하게 행동하면, 내일 쉬는 시간을 없애버릴 거야." |

관에 큰 영향을 미칠 수 있기 때문이다.

어릴 때를 생각해보면 학급규칙은 주로 선생님이 만드는 것이었고, 해야 할 일보다는 하지 말아야 할 일의 목록에 가까웠다. '자기 차례가 아니면 말하지 않기. 복도에서 뛰지 않기.' 이러한 규칙을 지키는 것은 교사의 권위에 복종하기 위한 훈련이었고, 주로 보상과 처벌에 초점이 맞춰져 있었다. 규칙을 어기면 경고의 뜻으로 칠판에 이름이 적혔고, 이름 옆에 체크 표시가 있으면 방과 후에 교실에 남아야 했다. 이 경우 '규칙을 지키라'

는 말은 여전히 하위단계의 도덕적 추론을 강조하는 것과 같다. "조용히 한 줄로 걸으라고 규칙에 있잖아!"라는 말은 그저 교사에게 복종하기 위해 규칙을 따라야 함을 의미한다. 하지만 교사와 학생이 함께 규칙을 만들면 엄청난 차이가 만들어질 수 있다.

학생과 교사가 함께 이상적인 학교와 교실의 모습을 꿈꾸며 규칙을 만들면 그 규칙을 따르는 일은 복종하고 순응하는 훈련 그 이상의 의미를 갖는다. 규칙을 지키는 이유가 다른 사람을 존중하고, 안전하고 즐거운 학습환경을 만들고, 과제를 훌륭히 해내고자 노력하기 위해서라면, 이는 상위단계의 도덕적 추론에 가깝다. 교사가 "우리 규칙에 타인을 존중하라는 내용이 있지? 이 규칙을 지키려면 각자 쓴 글을 발표하는 시간에 어떻게 행동해야 할까?"라고 말한다면, 이는 규칙에 명시된 가장 이상적인 모습에 도달하도록 학생들을 격려하고 있는 것이다. 이번 장의 나머지 부분을 읽어나가면서 다음 사실을 명심하라. 앞으로 언급되는 '규칙'은 학생들이 직접 만든 규칙, 교사와 학생들이 함께 만든 규칙을 의미한다. 이러한 규칙을 통해 학생들은 그들이 생각하는 이상적인 학교의 모습을 그려보고 이를 실현하기 위해 더욱 노력할 수 있게 된다.

지금부터 상위단계의 도덕적 추론을 돕기 위해 교사가 어떤 표현을 사용해야 하며 그 목표는 무엇이어야 하는지 알아보자.

## 보상이나 처벌에 관한 언어

- "이번 수학시간에 열심히 하면 마지막에 게임을 하게 해줄게!"

- "음악실에서 돌아올 때 복도에서 조용히 걸으면 보석상자에 보석을 하나 넣어줄게!"
- "지금 차분히 앉아서 과제를 하지 않으면 쉬는시간까지 써서 과제를 마쳐야 할 거야."
- "당장 핸드폰을 치우지 않으면 압수할 거야."
- "성적 떨어지고 싶지 않으면 공부해라."

처벌에 대한 협박 또는 보상에 대한 약속을 나타내는 표현인 '…하면 ~할 거야', '…하면 ~해줄게'는 아마도 학교에서 교사들이 가장 습관적으로 사용하는 말일 것이다. 이와 같은 언어습관은 지역과 상관없이, 그리고 유치원, 초등학교, 중학교, 고등학교 할 것 없이 어디에서나 흔히 관찰된다. 모든 교사는 학생들이 상위단계의 도덕적 추론을 하게 되기를 바랄 것이다. 하지만 교사가 '…하면 ~할 거야'라는 표현을 쓰면 아이들은 교사의 말에 영향을 받아 계속해서 낮은 단계의 도덕적 추론을 하게 된다.

이는 다른 이유에서도 문제가 된다. 먼저, 이런 표현은 자신이나 타인을 소중히 여기는 마음에서 비롯되는 사적이고 관계지향적인 행동마저 거래적 성격을 띠는 행동으로 만들어버린다. '…하면 ~할 거야'라는 표현을 들으면 학생들은 자신의 행동이 타인 또는 자신의 장기적 목표에 어떤 영향을 미치게 될지에 대해 생각하는 대신 그 순간의 득과 실에 대해서만 생각하게 된다. 다른 사람을 존중하기 위해서가 아니라 칭찬스티커를 받기 위해 복도에서 조용히 걷고, 자신의 성장을 위해서가 아니라 핸드폰을 뺏기지 않으려고 또는 점수를 얻으려고 공부를 한다. 그런데 만약 학생들이 스티커나 점수를 별로 중요하게 여기지 않는다면 어떨까? 이 경우 학생들은 '나는 스티커 따위에 관심 없는데 왜 복도에서 조용히 걸어야 하지?'라는 정당한 추론에 이르게 될 것이다.

이스라엘에서 이와 관련된 매우 흥미로운 연구가 진행된 적이 있다. 연구자들은 아이를 유치원에서 늦게 데려가는 부모에게 벌금을 물리면 그 부모들이 더 자주 늦게 온다는 사실을 알아냈다(Levitt & Dubner, 2005, pp. 19-20). 부모들은 아이를 데리러 제시간에 가는 것이 교사를 존중하는 일이라고 생각하기보다는 겨우 벌금 몇 푼 때문에 시간을 꼭 지킬 필요가 있을까를 따졌다. 그러고는 아이를 데리러 가기 전 시간을 활용하기 위해 기꺼이 벌금을 내는 쪽을 택했다. 통상적으로 보상과 처벌에 바탕을 둔 학교체제에서는 학생들이 보상과 처벌을 경험한 뒤에 이에 익숙해지는 경향을 보인다. 그러면 학교에서는 아이들의 단기적 행동에 영향을 주고자 보상과 처벌을 점점 더 강화한다. 그래서 상벌제도를 활용하는 학교에서는 학생들에게 동기를 부여하기 위해 점점 더 큰 보상을 내걸게 된다.

중요한 것은 보상과 처벌이 내적동기를 약화시킨다는 사실이다. 여러 연구가 보여주듯이 어떤 행위에 대해 보상을 하면 그 행위 자체의 가치는 결국 떨어지게 된다. 예를 들어, 책읽기의 즐거움을 알게 하는 것이 목표라면 여름방학에 책을 읽는 학생들에게 보상으로 피자상품권을 줘서는 안 된다. 오히려 독서의 동기를 약화시킬 것이기 때문이다. 마찬가지로, 책임감을 갖고 학습을 하길 바란다면 숙제를 제출했을 때 쉬는시간을 늘려주는 방식으로 보상을 해서는 안 된다. 보상을 주면 오히려 숙제를 해야겠다는 동기가 약화된다.(이 주제에 관해 더 자세히 검토하고 싶다면 알피 콘(Alfie Kohn)의 저서 『Punished by Rewards(보상에 의한 처벌)』을 참고하기 바란다.) 본 책에서는 앞으로 11장에서 내적동기를 자극하는 법에 대해 살펴볼 때 이와 관련된 내용을 조금 더 깊이 다룰 것이다.

그러면 보상과 처벌, 인센티브와 행위의 결과를 암시하는 표현인 '…하면 ~할 거야', '…히면 ~해줄게' 대신 어떤 표현을 사용해야 할까? 우선 도덕적 위계의 상위단계로 올라가서 규칙을 따르고 타인을 배려하는 것에 초점을 맞춘 표현을 시도해볼 수 있다. 또 우리가 학생들과 나누고 싶은 가치인 '배움의 즐거움'에 초점을 맞출 수도 있다(<표 7.2> 참조).

일상적 훈육상황에서 행위의 결과에 대해 전혀 언급하지 말아야 한다는 뜻은 아니다. 오히려 그 반대다. 결과를 언급하면서 주의를 주면 아이들의 문제행동이 더 심화되기 전에 제지하거나, 아이들이 자기통제력을 다시 발휘할 수 있도록 도울 수 있다. 또 허용될 수 있는 행동의 경계를 알려주어 안전하고 생산적인 학습환경을 만들 수 있다. 학생이 수업시간에 핸드폰을 집어넣지 않는다면 "핸드폰 이리 줘. 선생님이 수업 끝나고 돌려줄게."라고 말하면 된다. 마찬가지로 아이들이 열심히 공부하고 긍정적인 행동을 했을 때는 때때로 보상을 주며 함께 축하할 수도 있다. "와! 우리가 이만큼 많은 과제를 해냈어! 머리도 식힐 겸 잠깐 밖에 나가서 놀다 오자!" 이때, 행위와 그에 따른 결과, 또는 행위와 그에 대한 보상을 연결지어 말하는 방식을 바꾸는 것이 중요하다. 앞서 지적했듯이 '…하면 ~할 거야', '…하면 ~해줄게'라는 표현은 보상과 처벌을 의식해서 행동하도

**표 7.2 보상과 처벌 없이 학습동기 북돋워주기**

이번 시간에 열심히 하면 마지막에 게임하게 해줄게.

이번 시간에 열심히 해서 새로운 개념을 잘 익혀보도록 하자!

복도에서 조용히 걸으면 스티커 줄게!

복도에서는 조용히 걸어야 해. 다른 반 친구들에게 방해가 되지 않도록 말이야.

지금 다 못 끝내면 쉬는시간 없다!

자, 시간이 얼마 남지 않았으니 좀 더 집중해서 끝내자!

핸드폰 당장 집어넣지 않으면 압수할 거야!

지금은 핸드폰을 집어넣고 수업에 집중할 시간이야.

시험점수 잘 받고 싶으면 공부해라!

시험공부를 열심히 하다보면 알아가는 재미도 느낄 수 있을 거야.

록 유도한다. 당근과 채찍을 이용해 동기를 부여하려는 것인데 그것 자체가 문제인 것이다.

많은 사람들이 '…하면 ~할 거야', '…하면 ~해줄게'라는 표현을 이용해 어떤 일의 결과를 미리 언급하는 것이 필요할 때도 있지 않느냐고 묻는다. 좋든 나쁘든 아이들이 자신의 행동이 초래할 결과에 대해 미리 알고 생각해볼 필요도 있지 않을까? 자신의 행동이 어떤 결과를 초래할지 전혀 모르다가 갑자기 그 결과를 맞닥뜨리면 아이들은 불공평하다고 느끼지 않을까? 다시 한번 애초에 우리의 목표가 무엇인지 생각해보자. 당근과 채찍을 암시하는 표현을 사용해 동기를 부여하면 아이들은 그 당근과 채찍을 의식해 행동하게 된다.("자, 책상을 정리하자. 그러면 선물뽑기에 필요한 티켓을 받을 수 있어.") 물론 어떤 행동이 초래할 수 있는 결과에 대해 아이들과 사전에 이야기를 나누는 것은 중요하다. 특히 학년 초에 학급규칙을 정할 때, 일상적 훈육상황에서 각각의 행동에 대해 어떤 조치가 취해질 것인지 미리 논의하면 아이들에게 자신감과 안정감을 심어줄 수 있다. 이런 논의를 통해 아이들은 교실환경이 안전하게 유지될 것을 알게 된다. "이번 한 해 동안 우리는 학습에 방해가 되지 않는 선에서 전자기기를 사용하는 방법을 익히게 될 거야. 그런데 누군가가 수업 중에 전자기기를 사용한다면 어떻게 해야 할까? 예를 들어 작문시간에 글을 쓰지 않고 스마트폰으로 SNS를 하거나 딴짓을 한다면 말이야. 만일 그런 일이 생기면 선생님이 스마트폰을 잠시 보관할 거야. 다시 공부에 집중할 수 있도록 말이야." 이 말을 잘 보면 마지막 부분에 '…하면 ~할 거야' 형태의 진술이 들어가 있음을 알 수 있다. 학생들을 지지하는 어조로 앞으로 어떤 결과가 초래될 수 있는지 미리 알리면, 학생들은 앞으로 상황이 어떻게 돌아갈지 이해하고 예상할 수 있게 된다. 하지만 만약 지금 당장 지도가 필요한 상황이라면 이러한 진술 대신 바로 행동으로 옮기는 게 좋다.

## 만족과 실망을 표현하는 언어

처벌과 보상에 관한 언어만큼 자주 쓰이는 것이 만족과 실망을 표현하는 언어다. '…하면 ~할 거야', '…하면 ~해줄게'라는 표현이 처벌과 보상을 이용해 학생들을 규제한다면, 만족과 실망을 표현하는 언어는 교사와 학생의 관계를 이용해 학생들을 규제한다.

- "글쓰기에 이렇게 많은 노력을 기울여주니 참 좋구나!"
- "친구를 위해 문을 열어주다니 멋지구나!"
- "친구들과 열심히 협력해줘서 고맙다!"
- "학급회의에서 어떻게 행동하는지 계속 지켜봤는데, 너희 정말 실망스럽다."
- "선생님이 지시사항을 다섯 번이나 설명할 필요는 없잖아. 왜 처음부터 제대로 듣지 않니?"

도덕적 추론의 위계라는 관점에서 생각해보면 이러한 진술은 분명 보상과 처벌 단계보다는 한 단계 위에 있다. 하지만 이게 최선은 아니다. 위와 같은 진술은 학생들에게서 적절한 행동을 유도하기 위해 교사와의 개인적인 관계를 이용한 것이다. 왜 다른 친구들과 협업해야 할까? 왜 선생님의 지시사항을 주의 깊게 들어야 할까? 왜냐하면 선생님을 기쁘게 할 수 있으니까! 이 경우 아이들은 다른 사람과 협업하면서 더 많은 것을 배우고, 지시사항을 주의 깊게 들음으로써 배울 준비를 더 잘할 수 있다는 점에 대해서는 생각하지 않는다. 오로지 선생님이 어떻게 생각할지에만

표 7.3　칭찬하거나 지적할 때 감정을 앞세우지 않기

| 😐 | 😊 |
|---|---|
| 글쓰기에 이렇게 많은 노력을 기울여주니 참 좋구나! | 지금 들인 노력이 나중에 이 글을 완성할 때 큰 도움이 될 거야! |
| 뒷사람을 위해 문을 잡아주다니 멋지구나! | 뒷사람을 위해 문을 잡아주는 행동은 타인을 배려하는 행동이지! |
| 친구들과 적극적으로 협업해줘서 고맙다! | 친구들과 적극 협업한 덕분에 과제가 잘 마무리되었구나! |
| 학급회의에서 어떻게 행동하는지 계속 지켜봤는데, 너희들 정말 실망스럽다. | 오늘 너희들은 학급회의 규칙을 지키지 못했어. 어떻게 했어야 하는지 얘기해보자. |
| 선생님이 다섯 번이나 설명할 필요는 없잖아. 왜 처음부터 제대로 듣지 않니? | 지금 선생님 말을 제대로 듣지 않고 있구나. 중요한 내용이니까 잘 들어봐. |

관심을 기울인다. 이런 사고가 지금 당장은 효과가 있어 보일지 모른다. 특히 어린 아이들의 경우에는 더 그렇다. 하지만 아무도 지켜보고 있지 않을 때에도 옳은 일을 하도록 동기를 부여하지는 못한다. 한 가지 더 위험한 것은 아이들이 교사의 애정과 관심을 조건적인 것이라고 잘못 생각

할 수도 있다는 점이다. 즉, '내가 착하게 행동하면' 선생님이 나를 예뻐하고, '내가 나쁘게 행동하면' 선생님이 나를 예뻐하지 않을 것이라고 생각할 수 있다. 학생들이 상위단계의 도덕적 추론을 할 수 있기를 바란다면, 교사는 학생이 높은 단계의 도덕적 추론에 도달할 수 있도록 돕는 표현을 적극 사용해야 한다. 〈표 7.3〉을 보고, 상위단계의 도덕적 추론이 가능하게 하려면 만족과 실망을 표현하는 말을 어떻게 바꿔야 할지 생각해보자.

그렇다면 교사는 아이들에게 자신의 감정을 전혀 드러내지 말아야 할까? 교사가 기쁜지 속상한지, 또는 자랑스러운지 실망했는지를 학생들이 알면 안 된다는 뜻일까? 물론 그렇지 않다. 교사와 학생의 관계를 이용해 의도적으로 아이들의 행동을 제어하려 하지 말라는 것뿐이다. 교사는 학생들이 어떤 결정을 내릴 때 '선생님이 어떻게 생각하실까?'라는 관점에서 판단하기를 원치 않는다. 교사를 의식해서 결정을 내린다는 것은, 학생들이 스스로 생각하지 않고 있다는 것을 의미하기 때문이다. 이런 식으로 사고하면 그 다음 단계의 논리적 추론은 "선생님은 절대로 모르실 테니까 이렇게 해도 돼!"가 될 수도 있다. 행동의 지침이 되어줄 높은 수준의 도덕적인 나침반이 없다면 학생들은 쉽게 잘못된 결정을 내릴 수 있다.

## 규칙의 언어를 사용하라

이제 학생들과 함께 규칙을 만드는 것이 왜 중요한지 살펴보자. 교사가 만든 규칙에 따라 훈육이 이뤄지면, 의도하지 않은 힘겨루기가 일어날 수

표 7.4 규칙에 근거해 행동하도록 유도하기

종 치기 전에 실험도구 깔끔하게 정리해라!

실험도구를 정리하는 게 우리 반 규칙이라는 걸 기억하자.

선생님 교실은 깨끗해야 해. 말끔히 치워줘.

교실을 깨끗하게 치우는 게 우리 반 규칙이지!

복도에서 뛰면 안 돼! 당장 멈추고 조용히 걸어가!

안전을 위해 복도에서는 걸어다녀야지. 그게 우리 반 규칙이잖아.

선생님은 그런 말 싫어해.

기분이 나쁠 때도 공손하게 말하는 게 우리 반 규칙이야.

## 교사와 학생들이 함께 규칙 만들기

**1단계:** 학생들 각자가 생각하는 이상적인 교실환경에 대해 논의하라. 그것은 어떤 모습이고, 어떤 소리가 나며, 어떤 느낌을 주는가?

**2단계:** 이상적인 교실환경 조성에 도움이 될 규칙에 대해 다양한 생각을 나누어라.

**3단계:** 함께 노력해야 한다고 모두가 동의하는 규칙 몇 개를 골라서 합의하는 절차를 밟아라.

**4단계:** 합의를 거친 규칙을 교실에 게시하고, 학급의 모든 학생이 인지할 수 있도록 이 규칙에 대해 일상적으로 언급하라.

있다. 예를 들어, "선생님은 여러분이 조금 더 공손하게 말하면 좋겠어."라는 말은 공손하게 말하는 것이 교사의 요구사항이고, 학생은 이를 따라야 한다는 것을 의미한다. 그러나 학생들과 교사가 함께 만든 규칙에 따라 훈육이 이뤄지면, 아이들을 지도할 때 서로 대립하는 상황이 줄어든다. "우리가 함께 만든 규칙에 따르면, 우리는 다른 사람을 존중해야 해."라고 말하면, 교사는 다른 사람을 존중해야 하는 이유가 교사가 요구해서가 아니라 학급의 규칙을 지키기 위해서라는 점을 강조하게 된다. 시간을 들여 교사와 학생이 함께 규칙을 만들고, 그 규칙이 안전하고 포용적인 교실을 만들기 위한 긍정적인 목표와 비전으로부터 나온다면, 규칙의 효과는 더욱 강력하다. 교사는 규칙의 언어를 적극적으로 사용함으로써 학생들이 규칙을 긍정적인 행동의 지침으로 삼게 할 수 있다. 〈표 7.4〉의 각 예시를 통해 교사가 학생들에 대한 높은 기대치를 유지하면서도 덜 대립적인 방법으로 아이들의 긍정적인 행동을 장려하는 방법을 살펴보자.

## 황금률은 어떨까

많은 학급이 황금률(golden rule)을 학급지도 원칙으로 삼는다. 형태는 조금씩 다를 수 있지만 거의 모든 주요 종교가 공유하는 원칙인만큼 황금률은 아이들에게도 익숙하다. 그래서 학급규칙으로도 쉽고 빠르게 받아들여진다. 황금률은 보통 "당신이 대접받고 싶은 대로 남을 대하라."와 같은 형태로 진술되는데, 학년 초에 아이들과 함께 규칙을 정할 때 빠지지 않고 거론된다.

황금률은 공감을 연습할 기회를 제공한다. 나의 행동이 타인에게 어떻게 느껴질지를 이해할 수 있기 때문이다. 남을 놀리는 것을 주제로 토론할 때, 교사는 이 황금률을 염두에 두고 다음과 같은 질문을 던질 수 있다. "어느 날 머리를 새로 자르고 왔는데 친구들이 모두 '이상하다'며 놀린다면 기분이 어떨까?" 이런 식으로 황금률은 자기만 생각하는 습관에서 벗어나 다른 사람의 입장을 생각할 수 있게 함으로써 학생들의 도덕적 사고를 고취시킬 수 있다.

그러나 주의할 점이 있다. 운동장에서 욕을 해도 괜찮은지에 대해 논의할 때 어떤 학생은 이렇게 말할지도 모른다. "저는 남들이 욕하는 거 상관없어요. 그러니까 저도 욕해도 된다고 생각해요." 황금률의 잠재적인 문제가 여기에 있다. 이 학생의 경우처럼 황금률이 공감능력을 배양하기보다는 자기중심적 관점을 정당화하는 데 쓰일 수도 있기 때문이다. 학생들이 황금률을 바탕으로 학급규칙을 정하자고 할 때, 나는 황금률을 그대로 쓰기보다는 모든 학생이 동의할 수 있는 수준으로 약간 수정해 제안하곤 한다. 즉, "당신이 대접받고 싶은 대로 남을 대하라."가 아니라 "상대방이 대접받고 싶어 하는 대로 대하라."를 규칙으로 삼자고 제안하는 것이다. 이렇게 하면 황금률을 도덕적 지침으로 삼되 다른 사람들이 원하는 것이 무엇인지에 초점을 맞출 수 있게 된다.

## 결론

모든 교사는 학생들이 올바른 도덕적 판단에 따라 긍정적인 행동을 하기를 바란다. 무엇보다도 긍정적인 행동은 학급운영에 필수 요소다. 일과가 순조롭게 진행되고 그날의 학습이 훌륭히 이루어질 수 있도록 교사는 학생들이 예의를 지키고 책임감 있게 행동하기를 바란다. 또한 자기관리, 협조, 협업, 공감, 책임감 있는 의사결정과 같은 수많은 사회성·감성 스킬은 학생들이 오늘날의 학교와 미래의 직장에서 성공하는 데 반드시 필요한 스킬임을 기억해야 한다. 올바른 행동은 단순히 문제를 일으키지 않거나 상을 받거나 권위에 순응하거나 맹목적으로 복종하는 게 아니다. 그것을 훨씬 뛰어넘어야 한다. 교사는 학생들이 도덕적으로 사고하고 추론하는 능력을 키워 사려 깊고 윤리적으로 행동할 수 있기를 바란다.

이를 실현하는 학교를 만들기 위해 고려해야 할 몇 가지 핵심적인 언어습관이 있다. 어떤 행동을 해야 하는지, 왜 어떤 행동은 하지 말아야 하는지를 설명할 때 상위단계의 도덕적 추론을 강조하면 아이들은 당근과 채찍을 의식해 행동하는 것을 넘어설 수 있다. 또 긍정적인 행동도 교과목처럼 배우고 익힐 수 있다고 생각하고 가르치면 교사는 아이들의 입장에 공감하면서 보다 총체적으로 긍정적인 행동을 가르칠 수 있다. 마지막으로 교사가 행동하는 방식이 아이들이 어떻게 행동해야 하는가에 관한 명확한 기준으로 작용한다는 사실을 잊지 말아야 한다. 아이들은 어른이 된다는 것이 어떤 의미인지 알아내기 위해 항상 교사를 지켜보고 있다는 사실을 명심하자.

"이것만 끝나면
놀 수
있어!"

배움의
즐거움을
빼앗는
말

08

캐시와 수전의 교실에 들어서면 누구든 곧바로 학생들이 내뿜는 에너지와 열기를 느낄 수 있을 것이다. 학생들은 긴 시간 동안 집중하며 관심을 보이고, 독립적이며, 목표한 대로 과제를 수행한다. 또한 창의적으로 문제를 해결하고, 학습에 대해 활발히 논의하면서 참여하고, 진정한 의미에서 자기주도적이다. 학생들은 스스로를 '배우는 사람'으로 여긴다. 그리고 내적동기를 가지고 주체적으로 과제에 임하며 즐겁게 학습한다. 이 글을 읽는 여러분은 한숨을 쉬며 이렇게 생각할 것이다. '너무 멋지다! 우리 반 아이들이 그 십분의 일만 되어도 좋겠네!' 그런데 캐시, 수전을 비롯한 많은 유치원 선생님들에게 이런 상황은 특별할 게 없는 일상이다. 유치원생 아이들은 언제나 신나게 학습에 참여할 준비를 하고서 유치원에 온다.

그렇다면 유치원 이후, 아이들에게 도대체 어떤 변화가 일어나기에 학습에 대한 열정이 그렇게 사그라지는 것일까? 유치원에서 초등학교, 중학교, 고등학교를 거치는 동안 왜 많은 아이들이 학습의 즐거움을 잃어버리게 될까? 물론 여기에는 이 책에서 다루기 어려운 많은 요인이 있을 것이다. 표준화시험, 엄격히 짜여진 정형화된 교육과정, 부담스런 수업진도 등의 영향으로 아이들의 인지발달상 적절치 않은 교육이 행해지고 있는 것도 사실이다. 그런데 만약 교사가 학생들에게 하는 말, 즉 교사가 매일 학습에 대해 말하는 방식도 그 원인 중 하나라면 어떨까? 교사는 전혀 의도하지 않았더라도, 학생들은 교사가 학교와 공부에 대해 말하는 방식 때문에 배움에 대한 열정을 잃어가고 있는지도 모른다.

예를 들어, 신참교사 시절 나는 이렇게 말하곤 했다. "자, 여러분. 지금부터 열심히 노력해서 이 수학과제를 끝마치면 재미있는 게임을 할 수 있도록 해줄게." 이 말은 학생들의 에너지와 열정을 북돋우기 위해 한 것이었고 단기적으로는 효과도 있었다. 그러나 장기적으로는 어땠을까? 이 말에 숨어있는 의미를 한번 생각해보자. "재미있는 게임을 하기 위해" "수학 과제를 끝내자"라고 말하면, 수학은 본디 재미없는 것이라는 메시지를 전달하는 셈이 된다. 즉, 수학은 재미있는 무언가를 하기 위해 마지못해 해치워야 하는 과제가 된다.

시간이 한참 흐른 뒤에야 나는 이 말 속에 '공부는 재미없는 것'이라는 의미가 들어있다는 사실을 깨달았다. 수학공부를 하면서 아이들이 불평을 쏟아내는 건 어찌 보면 당연한 일이었다. 아이들이 학습을 즐길 수 있게 하려면, 교사가 전달하는 메시지에 주의를 기울여야 한다는 걸 알게 되었다. 이러한 깨달음은 이후 내가 학습에 대해 이야기하는 방식에 매우 큰 영향을 미쳤다. 교육컨설턴트로 일하면서 학교에서 아이들을 관찰할 때, 나는 늘 학습에 대해 긍정적인 메시지를 주는 언어표현을 찾으려고 애쓴다. 그중 몇 가지 예를 여러분과 공유하려고 한다.


## 긍정적인 메시지를 사용하라

대니얼 핑크(Daniel Pink)에 따르면 우리 교사들은 모두 판매원이다. 베스트셀러 『파는 것이 인간이다(To Sell Is Human)』에서 그는 교사들이 맞닥뜨리는 어려움에 대해 이야기한다. 교사는 학생들이 시간, 집중, 노력과 같은 자원을 사용하도록 설득해야 한다(2012, p. 39). 이것은 분명 쉽지 않은 일이다. 어떤 학생들은 학습하는 데 이런 자원을 들이는 것을 마뜩치 않아 한다. 교사가 해야 할 일은 학습이 시간, 집중, 노력을 들일 가치가 있다는 것을 아이들이 납득할 수 있도록 돕는 것이다. 여기서 학습에 대해 교사가 어떻게 말하는지가 중요한 부분을 차지한다.

최근에 나는 어느 고등학교 대수(algebra) 수업에서 선택의 문제와 관련해 공개수업을 한 적이 있다. 학생들이 연산의 순서를 연습할 수 있도록 복잡성과 난이도가 다양한 문제들을 이용해 자료를 만들어 나눠주었다. 그런 다음 각자 자신에게 꼭 맞는 수준의 문제를 선택해보라는 뜻에서 이렇게 말했다. "여러분 각자에게 즐거운 도전거리가 되는 문제를 찾아보세요. 여러분이 해결할 수 있는 범위 안에 있으면서도 노력을 해야만 풀수 있는 문제여야 합니다."

그 학교의 수학교사 모두가 내 수업을 참관했는데, 수업이 끝난 후 수학과 부장교사가 나의 언어사용에 대해 조심스레 언급했다. "문제를 선택할 때 '즐거운 도전거리가 되는 문제를 선택하라'고 하셨는데요. 수학에서 도전하는 재미를 전혀 느끼지 못하는 아이들은 어떡하나요?" 나는 이렇게 대답했다. "저는 수학에도 도전하는 재미가 있다는 것을 모든 학생이 깨닫기를 바라는 마음에서 일부러 그런 표현을 사용한 겁니다." 다시 말해 도전 자체를 하나의 재미로 규정함으로써 그 생각이 학생들에게도 옮겨지기를 바랐던 것이다.

이와 같은 방식의 언어를 효과적으로 사용하려면 좀 더 섬세해야 한다. 아이들에게 긍정적인 태도를 심어주는 것과 아이들의 생각을 통제하는 것 사이에는 아주 미묘한 차이가 존재한다. 이때 장황하게 말하거나 과장하는 것은 바람직하지 않다. 억지스럽고 진실하지 않게 느껴질 수 있기 때문이다. 지금 하려는 말이 사실인지도 항상 확인해야 한다. 학생들에게 지루한 활동지를 주면서 엄청나게 재미있을 거라고 말하면 학생들은 교사에 대한 존중과 신뢰를 잃어버리게 된다. 재미없는 것을 들이밀면서 재미있다고 꾸미거나 과장하기보다는 실제로 아이들에게 재미있는 학습활동을 제시하고 아이들이 즐길 수 있도록 노력하자.

## 즐거움과 열정, 경이로움을 물씬 풍겨라

웬디 스토우는 뉴햄프셔 주 내슈어에서 초등학교 1학년을 가르치는 교사다. 지금 그녀는 교실 뒤의 탁자에서 학생들과 소모둠으로 읽기수업을 진행하고 있다. 학생들은 책에서 합성어와 축약어를 찾아내는 게임을 하고 있다. 책에서 단어를 찾을 때마다 학생들은 점점 더 재미있어 하고, 선생님 역시 아이들만큼이나 즐거워하며 눈을 반짝이면서 열정적인 어조로 이야기한다. 한 남자아이가 "와! 엄청 많네요!"라고 신나서 외친다. 선생님은 미소를 띠고 고개를 끄덕이며 답한다. "맞아요, 축약어와 합성어는 어디에나 있어요. 이 세상에 가득하지요!" 이 짧은 순간 우리는 배움과 가르침에 신이 난 교사의 모습을 본다. 교사의 활기가 순식간에 교실 안에 퍼지고 즐거운 학습 분위기가 형성된다.

최고의 교사는 훌륭한 학습자이다. 교실에서 즐거운 학습을 촉진하고자 한다면 교사가 시시때때로 시범을 보이는 것보다 더 좋은 방법은 없다. 교사의 언어는 즐거운 학습을 촉진시킬 수 있는 효과적인 방법 중 하나이며 언어가 사용되는 다른 모든 경우에서와 마찬가지로 어조와 몸짓언어가 중요하다. 교사의 어조가 경쾌하고 활발하면 학생들에게 즐거운 기운이 전달된다. 또 교사가 과제를 하고 있는 학생들 쪽으로 몸을 기울일 때 그것은 관심의 표현이 된다.

나는 메인 주 워터보로에 있는 메사베식고등학교 과학수업에서 이와 관련된 사례를 관찰한 적이 있다. 헤더 소여 선생님의 포렌식(forensic, 범죄를 밝혀내기 위한 수사에 쓰이는 과학적 수단이나 방법, 기술 등을 포괄하는 개념으로, 여기서는 과학적 수사기법에 관해 배우는 교과수업을 의미한다-옮긴이) 수업에서 아이들이 서로 다른 직물의 특징을 살펴보고 있었다(왜 내가 다니던 학교에는 이런 수업이 없었을까!). 현미경으로 직물 견본을 살펴보고, 분젠 버너로 간단한 가열 실험을 진행하는 중이었다. 선생님은 교실을 돌아다니며 다음과 같이 아이들을 응원하고 격려해주었다.

- 한 학생이 현미경으로 뭔가를 보여주자 부드럽게 말한다. "정말 멋지구나!"
- 한 학생이 왜 물이 묻으면 현미경 속 직물의 모습이 달라보이는지 묻자 이렇게 답한다. "글쎄, 선생님도 잘 모르겠네. 그것 참 신기하구나."
- 한 학생이 가설을 제시하려고 하자 이렇게 묻는다. "이제 가설을 세울 수 있겠니?"

위와 같은 교사의 말투는 포용적이고 긍정적이며, 설득력이 있고 호기심을 드러낸다. 학생들과 상호작용하는 매 순간, 교사가 지적호기심을 보이고 있는 것이다.

에릭 젠슨(Eric Jensen)은 『Engaging Students with Poverty in Mind(빈곤층 아이들을 수업에 참여시키기)』(2013)에서 학생들에게 말할 때 적절한 어조를 사용하는 것이 얼마나 중요한지에 대해 강조한다. 열악한 환경의 빈곤층 아이들은 대부분이 무관심, 분노, 무기력, 절망, 적개심 등 건강하지 못한 감정상태로 학교에 온다. 이 아이들을 학습에 참여시키려면 먼저 바람직한 정서상태를 조성해줘야 한다. 에릭 젠슨은 이를 '목표상태(target states)'라고 명명하고, 목표상태에 해당하는 정서를 목록으로 제시한다. 우리는 이를 고려해서 즐거운 학습을 촉진할 수 있는 교실 분위기를 조성해야 한다. 즐거운 배움은 기대감, 자신감, 호기심, 탐구심, 흥

표 8.1   학습에 필요한 정서와 각 정서를 표현하는 방법

| 바람직한 정서 | 각 정서를 표현하는 말 |
| --- | --- |
| 흥미진진함 | "놀라운데! 어떻게 그걸 알아냈어?"<br>"정말이야?"<br>"어머나, 세상에!" |
| 기대 | "이 프로젝트가 어떻게 진행될지 너무 궁금하다! 내일이 빨리 왔으면!"<br>"다음 주가 지나면 우리가 어디까지 해낼 수 있을까?"<br>"와, 다음 단원이 정말 기대된다!" |
| 열정 | "선생님은 과학이 너무 좋아. 이 세상이 어떻게 작동하는지 배운다는 건 참 멋진 일이거든!"<br>"이거 너무 놀랍지 않니?"<br>"글을 쓸 때 새로운 생각이 떠오르면 날아갈 것 같지 않니?" |

미, 적절한 긴장감과 놀람, 그리고 도전의식이 있을 때 가능하다(p. 41).

간단히 연습해보자. 우선, 학습할 때 학생들이 경험하길 바라는 긍정적인 정서를 생각나는 대로 적어보라. 에릭 젠슨의 목록을 보면서 시작해도 좋다. 그리고 각각의 정서를 한 줄씩 표에 적어보라. 그런 다음 각 정서를 표현하는 자연스러운 말을 1~2개씩 적어보자(표 8.1 참조).

## 교사 자신이 학습에 몰입했던 경험을 들려주어라

여러분 자신이 즐겁게 학습에 몰입했던 때를 생각해보라. 학교에서의 경험을 떠올려도 좋고, 운동, 만들기, 취미활동과 같은 학교 밖 경험을 생각해도 좋다. 이러한 긍정적 경험을 수업시간에 학생들에게 들려줘라. 교사가 기쁘고 활기찬 어조로 학습에 대해 긍정적으로 이야기하는 모습을 학생들에게 보여주자.

반드시 지금 가르치고 있는 스킬이나 학습내용과 연관돼 있을 필요는 없다. 예를 들면, 음악가로서 연습의 중요성에 대해 가르칠 때 교사 자신의 운동경험을 이야기하며 연습의 중요성을 강조할 수 있다. "달리기를 할 때는 매일 연습하는 것이 중요해. 시간이 지남에 따라 스킬이 점점 향상되거든. 선생님은 하프마라톤에서 뛰는 것이 목표였기 때문에 매일 시간을 정해서 연습을 했어. 처음에는 어려웠는데 일단 습관이 되니까 나중에는 연습시간이 기다려지더라. 물론 어떤 날은 신발 끈을 매는 것조차 힘들었지만 일단 밖에 나가서 뛰기 시작하면 금방 재미가 붙었지."

## 학교생활에 대해 긍정적으로 이야기하라

교사가 학교에 관해 전반적으로 어떻게 말하고 있는지도 중요하다. 교사로서 우리는 학생들에게 학교에 관해 긍정적인 감정을 전달하고 있을까? 의도하지는 않더라도 혹시 그 반대의 메시지를 전하고 있는 것은 아닐까?

가령, 폭설이 내려 다음 날 학교가 쉴 수도 있겠다고 생각할 때 우리는 학생들에게 어떤 메시지를 주고 있을까? 물론 하루쯤 쉬면서 여유로운 시간을 보내고 싶은 마음은 문제가 되지 않는다. 아이들과 그 마음을 나누는 것도 나쁘지는 않다. 하지만 〈표 8.2〉를 보고 교사의 말에 드러나는 메시지의 차이를 한번 생각해보자.

양쪽 모두 낙관적이고 긍정적이지만, 오른쪽 메시지는 교사가 학교를 좋아한다는 메시지를 명확하게 전달한다. 그러니 "눈아 펑펑 내려라, 학교 좀 쉬게."와 같은 문구는 침실에나 걸어두는 게 좋겠다. "교사에겐 뭐니뭐니해도 7월과 8월이 제일!"이라고 새겨진 머그잔도.

표 8.2 학교에 대해 긍정적인 감정을 갖게 하기

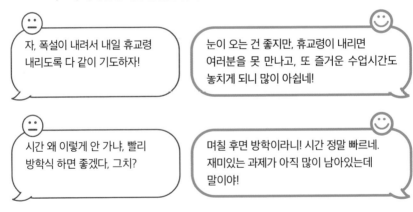

## 장난스러움으로 수업에 재미를 더하라

젠 블레어 선생님의 미적분 수업시간에 학생들은 방정식을 도표로 그리려고 애쓰고 있었다. 아이들은 이해한 듯 만 듯 확신이 없고 긴장감은 점점 고조되었다. 젠 선생님은 그동안 배웠던 문제해결전략을 상기시키기 위해 질문을 던졌다. "자, 여기서 풀이전략이 안 보인다면 이제 어떻게 해야 할까?" 한 학생이 이렇게 답했다. "좀 울까요?" 선생님이 주저하지 않고 눈을 반짝이며 답했다. "그거 괜찮네, 아주 조금이라면 말이야. 그럼 그 다음엔 어떻게 하지?" 선생님의 말에 잔잔한 웃음이 교실에 퍼졌다. 아주 잠깐 가벼운 농담을 주고받음으로써 교사는 불안감을 줄여주고 모든 학생을 편안하게 해주었다. 그 덕분에 교실 분위기는 새로워졌고 학생들은 다시 학습에 몰입할 수 있었다.

얼 헌터는 로스앤젤레스에서 5학년을 가르친다. 그의 강단 있는 목소리에서는 학습에 대한 열정과 따뜻함이 물씬 풍긴다. 그는 수업을 하면서 장난스런 순간을 연출하곤 한다. 나는 그가 수학시간에 토론을 이끄는 모습을 지켜보았는데 그가 던지는 몇 마디의 말이 교실 곳곳에 즐거운 기운을 퍼뜨리고 있다는 걸 알 수 있었다. 학생들이 어떤 개념을 어려워하면 얼은 고대 신비주의자와 같은 어조로 이렇게 말한다. "오! 혼란의 물결이 넘실대고 있구나!" 학생들에게 각자의 생각을 말하라고 할 때는 이렇게 묻는다. "그대는 어떠시오?" 그러면 학생들은 까르르 웃거나, 눈알을 굴리거나, 웬 실없는 소리냐는 듯 피식 웃기도 한다. 그런 말들은 수업시간에 작지만 반짝이는 즐거움을 더한다.

유머는 대부분의 학생에게 언제나 통하는 수업 요소다. 내 아들은 학교에서 돌아오면 "젠킨스 선생님 너무 좋아요. 진짜 재밌어요!"와 같은 말을 수없이 한다. 물론 우리 모두가 스탠드업 코미디(stand-up comedy, 무대 위에 혼자 서서 재치 있는 말과 동작으로 사람들에게 웃음을 주는 것을 말한다-옮긴이)를 해야 한다는 이야기는 아니다. 수업시간에 농담과 웃음이 너무 잦으면 학생들은 덩달아 유치한 행동을 하거나 과제에 집중하지 않는 등 산만해지기 쉽다. 그럴 때는 유머를 절제해서 사용하는 것이 바람직하다. 교실 분위기를 활기차게 유지할 수 있을 만큼만 그러나 재미에 압도되지는 않을 정도로만 말이다.

'나는 재미있는 사람이 전혀 아닌데 어쩌지?' 하고 당황하는 교사들도 있을 것이다. 그러나 이 글의 소제목에 '유머(humor)'가 아니라 '장난스러움(playfulness)'이라는 단어가 쓰인 데는 이유가 있다. 뛰어난 유머감각까지는 아니더라도, 장난스러운 면모는 누구에게나 있다. 혹시 별로 그렇지 않더라도 장난스러움은 다른 모든 스킬처럼 배우고 연습하면 얼마든지 발전시킬 수 있다. 우선 다른 교실에서 관찰한 재미있는 언어표현을 함께 살펴보도록 하자.

- 아이들이 자신의 설명에 주의를 기울이기를 원했던 한 유치원 교사는 양손을 쌍안경처럼 만들어 눈에 대고 이렇게 말했다. "좋아요, 여러분. 모두 '집중망원경(attentoscopes)'을 끼세요!" 아이들은 각자 손으로 만든 쌍안경을 통해 선생님을 바라보며 킥킥 웃었다.

- 한 초등학교 4학년 교사가 칠판에 수학문제 풀이 방법을 시범 보이고 있다. 몇몇 학생이 집중하지 못하는 것을 알아차린 그는 살짝 장난을 치며 예시를 들었다. "셰인(한 아이의 이름)은 매일 아침 오트밀을 먹어요." 셰인은 웃으며 부정했다. "아니에요!" 아이들은 생기를 띠며 킥킥 웃고, 선생님은 윙크를 하며 이야기를 이어갔다. "그런데 오트밀만 먹지는 않아요. 셰인은 오트밀에 뭔가 더 넣어 먹는 것을 좋아하거든요. 만약 셰인이 5일 동안 매일 오트밀에 귀뚜라미 35마리를 넣는다면, 셰인은 얼마나 많은 귀뚜라미를 먹게 될까요?" "우엑 징그러워, 셰인!" 학생들 몇몇이 웃었다. "으흠, 바삭바삭한데!" 셰인이 같이 장난을 치기 시작했다. 선생님은 학생들의 활기에 힘입어 수업을 이어갔다. "좋아요, 여러분. 화이트보드를 들어보세요. 여러분이 이 문제를 풀 수 있는지 한번 봅시다."

- 한 중학교 교사가 미국 독립혁명에 대해 짤막한 강의를 하고 있다. 그는 교실 앞 회전의자에 앉아 있다가 갑자기 90도 각도로 휙 돌았다. 학생들은 그의 옆모습(side)을 보게 되었다. "자, 여기에는 비화(side story)가 있지요."라고 말하면서 그는 잠시 다른 이야기를 시작했다.

- 어느 화학교사는 매일 수업시간에 풍자적인 말장난과 농담을 섞는다. "막스 플랑크는 자기 이름에 잠시 신세를 졌어요("Max

Planck was board with his name," 과학자의 이름인 Planck가 '널빤지'
를 뜻하는 plank와 발음이 같고, '(잠시) 같이 살다, 하숙하다'라는 뜻
의 'board with'에 쓰인 board라는 단어도 '널빤지'라는 뜻을 갖고
있다는 데 착안한 것이다-옮긴이)." "원자(atom)를 믿지 마세요. 걔
는 아무거나 막 만들어내거든요(물질을 이루는 기본 단위로서의
원자의 성질을 거짓말 잘하는 사람에 빗대 하는 말이다-옮긴이)."
"왜 화학자들은 암모니아로 작업하는 것을 좋아할까요? 암모니
아는 기본이니까요!(암모니아가 소변, 즉 인간의 기본적인 생리작용
을 이루는 물질이라는 데 착안한 것이다-옮긴이)" 그러자 곧 학생
들도 농담거리를 찾아와서 수업시간에 말하기 시작했다.


## 결론

언젠가 한 동료가 나를 고리타분한 사람으로 몰아세운 적이 있다. 그는
내가 아이들이 학교에서 재미있게 지내기를 원치 않는 것 같다고 말했다.
그 당시 우리는 핼러윈(Halloween, 매년 10월 31일에 기념하는 축제 같은 날
로 아이들이 독특한 복장을 하고 동네를 돌며 집집마다 문을 두드려 사탕이나
초콜릿을 받으러 다닌다-옮긴이)을 앞두고 있었고, 나는 수업시간이 부족한
것이 불만이었다. 우리 학교에는 핼러윈에 아이들이 다양한 의상을 차려
입고 동네 퍼레이드를 하는 전통이 있었다. 그래서 핼러윈 당일에는 오후
내내 수업을 못할 뿐 아니라 오전에도 아이들이 퍼레이드에 대한 기대로
너무나 들떠있는 탓에 무언가를 하기가 어려웠다. 나는 핼러윈, 밸런타인

데이와 같은 날에 어떻게 수업을 진행해야 하는지 고민이 됐다. 기념일이나 축제일이 싫은 것이 아니라 교사의 관점에서 이런 기념일 행사가 아이들의 주의를 흐트러뜨리고 시간을 낭비하게 하는 것이 싫었던 것이다.

무엇보다도 이런 기념일은 프로젝트나 중요한 과제를 할 수 있는 시간과 에너지를 뺏는다. 핼러윈 무렵에 추리물을 읽고 쓰는 등 각종 기념일을 학습활동과 연결시키려고 해도 억지스러운 느낌이 드는 건 어쩔 수가 없었다. 동료교사는 눈을 굴리면서 신음을 내뱉듯 말했다. "선생님, 제발요! 학교가 항상 공부만을 위한 곳이어서는 안 돼요. 재미있는 날도 좀 있어야지요!" 이 말을 듣고서야 나는 왜 우리가 서로 공감하지 못하는지 깨달았다. 나는 학교공부를 지루하고 힘든 일이라고 생각하지 않으며, 재미있는 시간을 보내기 위해 공부를 쉬어야 한다고 생각하지도 않는다. 왜냐하면 공부는 그 자체로 재미있어야 하기 때문이다. 교사가 교실에서 즐거운 학습을 지원하는 언어습관을 기르기 위해 애쓴다면, 학생들도 학습과 학교생활이 본질적으로 유쾌한 것임을 깨닫고, 거기에 정서적 에너지와 지적인 관심을 더 많이 쏟을 수 있게 될 것이다.

"선생님
생각에는…"

교사중심적인
말

09

<표 9.1>을 보고 왼쪽과 오른쪽의 표현이 어떻게 다른지 생각해보자.

표 9.1    교사가 아니라 학생을 중심에 놓고 말하기

오늘 수학시간에는 선생님이 재미있는 활동을 준비했지!

오늘 수학시간에는 재미있는 활동을 하게 될 거야!

이번 과제를 훌륭하게 마치기 위해 충족해야 하는 기준 세 가지를 선생님이 알려줄게.

이번 과제를 훌륭하게 마치려면 무엇이 필요한지 같이 생각해보자.

선생님은 너희가 글쓰기 과제에 이만큼 노력해줘서 정말 고마워!

와, 모두 글쓰기 과제에 정말 많은 노력을 기울였구나!

선생님 생각에는 우리가 집중도 잘하고 과제에도 열심히 몰두했던 것 같아.

너희들 생각은 어때? 우리가 집중도 잘하고 과제에도 열심히 몰두한 것 같니?

너희의 생각을 선생님이 좀 더 들어볼까?

각자의 생각을 조금 더 말해보자.

교사는 학생들이 배움과 학업에 대해 주인의식을 갖기를 원한다. 학생들이 진정으로 주인의식을 가질 때 학습은 훨씬 더 실제적이고 목적성을 갖는다. 그런데 왜 많은 학생들이 학업에 대해 전혀 주인의식을 갖지 못하는 듯 보이는 걸까? 나는 그 이유가 교사가 학업에 대해 말하는 방식과 관련이 있다고 생각한다. <표 9.1>의 왼쪽 예시처럼 교사의 언어습관은 학업의 주인이 교사이며 학생의 본분은 교사에게서 받은 과제를 해내는 것임을 암시하고 있는지도 모른다. 교사는 모든 것을 교사의 관점에서 설명하는 교사중심 언어(teacher-centric language)를 사용하고, 자신도 모르게 학급의 논의를 교사중심으로 이끌어가기도 한다. 학생들이 주인의식을 갖고 학습하게 하고 싶다면 교사가 평소 사용하는 언어표현을 몇 가지만 바꿔도 효과가 있을 것이다.

## 교사중심 언어에서 학생중심 언어로 전환하라

일반적으로 교사는 교실에서 일어나는 상황을 교사의 관점에서 바라본다. 공들여 학습단원을 만들고, 수업을 계획하며, 다양한 학생들로 이루어진 학급을 운영하기 위해 노력하는 사람은 어쨌거나 교사다. 교사는 학생과 교실, 학습을 교사의 시선으로 바라본다. 그러나 지시사항을 전달하거나 학생들을 평가할 때, 이러한 메시지가 어떻게 표현되는지 주의를 기울일 필요가 있다. 교사의 관점을 무심코 드러내면, 학교가 교사중심으로 돌아가는 곳이라는 메시지를 은연중에 학생들에게 전달할 위험이 있다. 학생들이 교사를 위해 무언가를 해야 한다는 식이 되면, 학생들의 행위주체성과 힘이 약해진다. 그 경우 학업은 학생이 적극적으로 참여하는 활동이 되지 못하고 그저 교사에게 순응하기 위해 마지못해 하는 활동이 되고 만다.

이러한 관점에서 교사의 언어를 살피다 보면 흔히 발견되는 잘못된 언어습관이 몇 가지 있는데, 그중 하나가 주어 자리에 '선생님'을 과도하게 사용하는 것이다. "이런 방식의 글쓰기 스킬을 어떻게 익힐 수 있는지 선생님이 보여줄게."와 "이제 이 새로운 글쓰기 스킬을 각자 연습해보게 될 거야."가 어떻게 다른지 생각해보자.

이와 비슷한 언어습관으로 '선생님이/선생님에게'와 같은 표현을 문장 중간에 끼워 넣는 것이 있다. 학생들에게 지시할 때 또는 과제에 대해 설명할 때 이런 말을 쓰는 경우가 있는데, 학생들은 이런 말을 들으면 자기 자신이 아니라 선생님을 위해 학습하고 있다는 생각을 강화하게 된다. 다음의 예시를 살펴보자.

- "이번 음악 리허설 시간에는 선생님이 이런 걸 유심히 볼 거야."
- "이제 35쪽을 펴서 이 다음에 어떤 일이 일어나는지 선생님에게 알려주세요."
- "다음 카드를 뒤집어서 카드에 적힌 과제를 선생님에게 읽어주세요."

각각의 표현은 무해한 듯 보이지만 하루 종일, 그리고 매일 이런 말이 반복될 때 학생들이 받게 될 영향을 생각해보자. 교사의 의도와 달리 학업을 주도하는 것은 교사이며 학생은 교사를 위해 무언가를 학습하고 있는 것이라는 메시지가 수없이 전달될 수 있다. <표 9.2>의 예시를 보며 이러한 습관을 어떻게 바꿀 수 있을지 생각해보자.

표 9.2 학업을 주도하는 사람이 누구인지 분명히 알리기

'선생님'과 '너희' 대신에 '우리'를 사용하는 것은 어떨까? 주어를 바꾸어 말하는 것에 대해 논의할 때 교사들은 종종 위와 같은 질문을 한다. 그런 데 이것은 상황에 따라 다를 수 있다. 예를 들어, "선생님은 이제 너희가 각자 책을 꺼내 와서 원을 만들어 앉아주면 좋겠어."라고 말하는 대신에 이렇게 말할 수 있다. "이제 우리는 책을 읽을 거야. 모두 책을 꺼내 와서 원을 만들어 앉아보자." 상황에 따라서는 이 표현이 바람직할 수 있다. 교 사가 모둠의 일원으로서 책읽기 활동을 함께 하는 상황이라면 괜찮다. 또 "이제 우리 모두 정돈하고 수업을 시작해보자. 시 문집을 만드는 작업 을 계속해야지!"와 같은 상황에서는 '우리 … 하자'를 사용하는 것이 자연 스러울 수 있다. 교사를 포함한 모든 학급구성원이 문집 만들기 작업을 함께 하는 상황이기 때문이다. 그런데 "어제 모둠별 읽기활동(guided reading, 3-4명의 아이들을 모둠으로 묶어 교사가 모둠별로 돌아가며 읽기지도 를 하는 것을 말한다. 이때 다른 모둠에 속하는 아이들은 각자 조용히 읽기활 동을 한다-옮긴이) 시간에 우리에게 어떤 문제가 있었는지 다같이 얘기해 보자."라고 말하는 경우에는 교사의 어조에 따라 진정성이 느껴질 수도 있고 그렇지 않을 수도 있다. 만약 교사가 진정으로 자신을 학급의 일원 으로 여기고, 전날 있었던 문제를 본인을 포함한 학급 전체가 함께 겪 었다고 생각하는 상황이라면, 이 말이 적절한 표현일 수 있다. 그러나 교 사가 사실은 학생들의 태도가 문제라고 생각하고 이를 비판하는 상황이 라면, 그래서 어조에서 그것이 드러난다면 이러한 표현은 적절하지 않다. 특히 목소리를 높여 꾸짖는 어조로 "어제 모둠별 읽기활동 시간에 우리 에게 어떤 문제가 있었는지 다들 얘기 좀 해봐!"라고 말하면 '우리'에 교사는 전혀 포함되지 않으며 교사가 학생들을 비난하고 있다는 것이 명백히 드러난다.

---

**학생의 주인의식을 키우기 위한 다른 방법들**
- 점수를 덜 매기고 학생들이 스스로 평가하게 하라.
- 무엇을 어떻게 배울지 학생들이 직접 의미 있는 선택을 할 수 있게 하라.
- 과제와 관련 있는 학습목표를 학생들이 직접 세울 수 있게 하라.
- 스킬을 연습하거나 시범을 보이는 방법에 대해 학급 전체와 자유롭게 생각을 나누어라.
- 학생들이 자랑스러워하는 작품을 교실이나 복도 벽에 전시해서 다른 사람들에게 선보이게 하라.


## 학생들에게 부적절하게 감사의 표현을 하지 말라

학생으로서 당연히 해야 할 긍정적인 행동을 했을 때 교사가 고맙다고 말하는 것을 피해야 하듯이, 학생이 학습을 하는 것에 대해서도 고마움을 표현하지 않도록 주의해야 한다. 물론 쉽지 않은 일이다. 가령, 교사는 학생들이 인정받는다고 느끼길 원하는 마음에 "모두 멋지게 학급토론에 참여해줘서 정말 고마워."라고 말하는 경우가 있다. 열심히 참여한 학생은 특히 인정해주고, 그렇지 않은 학생은 다음번에 더 적극적으로 참여하도록 격려하기 위해서다. 하지만 숙제를 제출하고, 토론에 참여하고, 과제를 완성하는 것에 대해 고맙다고 말하면 어떤 메시지가 전달될지 생각해 보자. 이 역시 학생이 공부를 하는 이유는 교사를 위한 것이라는 메시지를 은연중에 전달할 수 있다. 고맙다는 말은 누군가 내게 호의를 베풀거

표 9.3　부적절한 감사 표현을 삼가고 학습에 주인의식을 갖도록 돕기

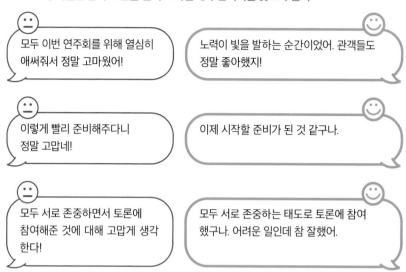

모두 이번 연주회를 위해 열심히 애써줘서 정말 고마웠어!

노력이 빛을 발하는 순간이었어. 관객들도 정말 좋아했지!

이렇게 빨리 준비해주다니 정말 고맙네!

이제 시작할 준비가 된 것 같구나.

모두 서로 존중하면서 토론에 참여해준 것에 대해 고맙게 생각한다!

모두 서로 존중하는 태도로 토론에 참여했구나. 어려운 일인데 참 잘했어.

나 혜택을 주었을 때 감사의 표현으로 하는 말이다. 하지만 교사는 학생들이 교사나 다른 누구를 위해서가 아니라 자기 자신을 위해 학습하기를 원한다. 그리고 과제를 완성하고, 열심히 노력하고, 참여함으로써 다른 누구도 아닌 자기 자신이 혜택을 얻는다는 것을 알기를 바란다. 따라서, 이와 같은 경우에 교사는 학생들에게 감사의 표현을 하기보다는 성과를 함께 축하해주는 편이 좋다. 이렇게 함으로써 학생들의 성취감을 높일 수 있고, 학업에 대해 학생들이 주인의식을 갖게 할 수 있다(<표 9.3> 참조).

## 학생들 스스로 높은 기대를 갖도록 독려하라

많은 연구가 보여주듯이 학생에 대한 교사의 기대는 학생의 성취에 확실한 영향을 끼친다(Hattie, 2009, pp. 121-124). 이에 못지않게 교사는 학생들이 스스로에 대해 높은 기대치를 갖기를 원한다. 그러나 대개는 교사의 관점에서 학습에 대한 기대치를 말하곤 한다. 교사가 학생들에게 "이번에는 수준 높은 결과물을 볼 수 있으면 좋겠네!"라고 말할 때 그것이 의미하는 바는 분명하다. 학생은 교사가 보기에 흡족한 수준으로 과제를

표 9.4 교사의 기대가 아니라 성취기준을 강조하기

이번에는 높은 수준의 보고서가 나와줘야 해. 전문용어가 적절히 쓰였는지, 구성이 깔끔한지, 연구절차와 결론이 명확하게 설명됐는지 선생님이 두고 볼 거야!

이번 보고서의 수준을 높이려면 몇 가지 핵심 요소가 필요해. 적절한 전문용어, 군더더기 없이 깔끔한 구성, 그리고 철저하고 분명하게 설명된 연구절차와 결론. 이 요소들을 갖춰야 한단다.

이번 연습에서는 최선을 다해 노력하는 모습이 좀 보였으면 좋겠네!

이번 연습에서 최선을 다해 노력한다면 너희들 스스로 자랑스러워할 만한 결과를 얻게 될 거야!

이 정도 보고서로는 안 되지. 논거가 충분히 발전되지도 못했고 편집도 불완전하잖아. 제대로 고쳐와!

이 보고서는 아직 완성이 안 되었구나. 논거를 충분히 발전시키지 못했고, 편집도 완전하지 않아. 좀 더 고쳐보는 게 좋겠어.

해내야 하며, 교사의 높은 기대를 만족시키는 것을 목표로 삼아야 한다는 뜻이다. 성적을 주는 사람이 교사일 경우, 성적을 강조하는 언어표현도 이와 유사한 효과를 초래한다. '다음 과제에서 A를 받고 싶으면 …해라.'라는 말은 '선생님이 지시하는 대로 따르면 다음 과제에서 좋은 성적을 얻을 것이다.'라는 메시지를 명확히 전달한다. 어떤 교사들은 점수를 짜게 주는 것을 매우 즐기는데, 이 경우 학생들은 점수를 얻으려면 교사를 만족시켜야 한다고 더욱 강하게 믿게 된다. 성적이란 성취기준에 도달했는지의 여부에 따라 매겨지는 것인데도 말이다.

학생들이 교사의 기대치에 의존하게 하는 대신 스스로 높은 기대를 가질 수 있도록 하면 어떨까? 그랬을 때 나타날 수 있는 긍정적인 결과가 몇 가지 있다. 먼저 학생들 스스로 높은 기대를 갖고 있다고 믿고 교사가 그 믿음을 강화할수록, 학생들은 그 기대를 더 크게 느끼고 거기에 부응한다. 또 학생들이 높은 기대를 갖고 있다고 믿고 교사가 그것을 꾸준히 말로 표현하면, 교사의 사고관점 또한 바뀌게 된다. 학생들이 내적으로 동기부여가 되어 있으며 누구나 과제를 훌륭히 해내고 싶어 한다고 강렬히 믿게 되는 것이다. <표 9.4>를 살펴보자.


### 학생들의 성찰을 독려하라

의도한 것은 아니지만 교사가 학습에 대한 통제권과 주도권을 과도하게 갖는 경우가 또 있다. 교실에서 일어나는 일에 대해 교사의 생각과 성찰을 지나치게 표현하는 때이다. 글쓰기 수업이 끝난 뒤 학생들에게 "와! 30

표 9.5  학생들에게 성찰의 기회 주기

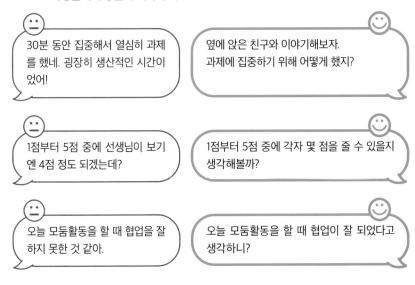

분 동안 집중해서 열심히 과제를 했네. 굉장히 생산적인 시간이었어!"라고 말하는 경우를 생각해보자. 물론 이 표현 자체에는 문제가 없다. 오히려 명확하고 구체적이며, 간결하고 확실한 데다, 긍정적인 학습환경을 조성한다. 그러나 학습에 대한 성찰과 평가를 하는 사람이 언제나 교사라면 문제가 된다. 학습에 대한 주인의식을 키우는 것이 목표라면 이와 같은 성찰의 기회를 학생들에게 넘겨주자(<표 9.5> 참조).

**결론**

내 친구는 보스턴 지역의 IT기업에서 관리직을 맡고 있다. 그가 관리자로서 느끼는 불만 중 하나는, 부하직원들이 스스로 생각하는 것을 어려워한다는 점이다. 어떤 직원은 프로젝트를 진행하다가 어려움에 봉착하면 곧장 달려와 해결책을 요구한다고 했다. 친구는 그 직원의 태도에 대해 이렇게 말했다. "여기서 문제는, 나는 그 직원이 스스로 생각하기를 원한다는 거야. 도전거리를 자신의 것으로 받아들이고 무엇이든 시도해봐야 해. 문제가 해결되지 않더라도 상관없어. 우리는 실수하면서 배워나가잖아. 방향을 잡을 때 팀원들이 항상 나에게 의존하지는 않았으면 좋겠어."

경제가 계속해서 변화하고, 직선적이고 간단한 업무가 주를 이루는 저숙련 직종이 점차 외주화·자동화되면서 자발성, 자기관리, 자기주도성과 같은 스킬이 점점 더 중요해지고 있다. 하지만 순응에 의존하는 체제에 계속 머무르면, 학생들이 이러한 스킬과 습관을 배우고 연습하는 것이 거의 불가능해진다. 이번 장에서 논의한 것은 다소 미묘한 변화에 관한 것이었지만, 학생들이 진정으로 학습의 주체임을 느낄 수 있도록 학습환경을 조성하는 데 이 미묘한 변화가 미치는 영향은 매우 중요하다. 어쩌면 오늘날의 교육에서 이뤄질 수 있는 가장 중요한 변화는 바로 여기에 있는지도 모른다.

"다음으로
넘어가도
되겠지?"

아이들의 입을
틀어막는
말

10

수업을 할 때 교사와 학생 중 누가 더 말을 많이 할까? 대부분의 경우, 소위 '학생중심 수업'이 이루어지는 교실에서마저도 교사가 학생들보다 훨씬 더 많이 말한다. 『Brilliance by Design(탁월함을 이끌어내는 교수설계)』(2011)에서 비키 할시(Vicki Halsey)는 70대 30의 원칙을 권장한 바 있다. 이는 학습자가 전체 수업시간의 약 70퍼센트에 해당하는 시간을 말하는 데에, 나머지 30퍼센트의 시간을 듣는 데에 쓰도록 해야 한다는 뜻이다. 한 학교에서 하루 동안 내가 진행한 비공식적 연구는 이 숫자가 학교에서는 보통 반대로 나타날 것이라는 나의 추론을 입증했다.

당시 나는 뉴욕시의 한 학교에서 유치원 및 1학년 담임교사들과 함께 학생의 수업참여를 늘리고 방해행동을 줄이기 위한 전략을 연구하고 있었다. 이를 위해 나는 유치원과 1학년 교실에서 하루 동안 각 교사의 수업을 조금씩 참관했다. 수업을 관찰하면서 수업 중 교사가 말하는 시간과 학생들이 말하는 시간을 측정해보았다. 물론 이 연구는 하루 동안 한 학교에서만 실시한 것이며 매우 비공식적인 방법으로 이뤄졌다. 수업참관을 하는 동안 손목시계를 확인해가며 교사가 말하는 시간과 학생이 말하는 시간을 추산해 재빨리 메모했을 뿐이다. 하지만 그 결과는 나름대로 시사점이 있었다. 저학년 교실 여덟 군데를 살펴본 결과 교사들이 말하는 시간은 수업시간의 65퍼센트를 차지한 반면, 학생들이 말하는 시간은 35퍼센트에 불과했다.

그런데 이러한 결과는 수많은 교실에서 관찰된다. 저학년 교실에서 교사가 말하는 시간이 이만큼이나 된다면 고학년 교실에서는 얼마나 더 많을지 상상해보라. 연구를 해보면 학생들이 실질적으로 토론에 참여하는 시간은 실제로 매우 적게 나타난다. 연구에 따라 다르지만, 학생들이 말하는 시간은 1시간에 약 1.7분으로 수업시간의 0.5~3퍼센트 정도만을 차지할 뿐이다(Walsh & Sattes, 2015, p. 6). "누구든 말을 하고 있는 사람이 학습을 하고 있는 것이다."라는 격언을 기억하라. 이제 대부분의 사고활동을 학생들이 하도록 만들 수 있는 방법을 몇 가지 살펴보자.

## 강의는 짧게 하고 학생의 학습시간을 극대화하라

예전에 한 동료에게서 어느 수업에나 세 개의 순간이 있다는 얘기를 들은 적이 있다. 수업시작 후 첫 60초 동안 무슨 말을 하든 이 때가 '금빛의 순간(golden moment)'이다. 그다음은 수업이 끝나기 직전 60초로서 동료는 이를 '은빛의 순간(silver moment)'이라 불렀다. 그리고 그 둘 사이의 시간은 모두 '잿빛의 순간(leaden moment)'이라고 했다. 다소 과장되게 들릴 수 있지만 충분히 생각해볼 만한 얘기다. 테드(TED, Technology, Entertainment, Design의 약자로, 기술, 오락, 디자인 등 다양한 주제별로 전문가가 나와 제한된 짧은 시간에 강연하도록 되어 있다-옮긴이) 강연에 약 20분이라는 시간제한이 있는 데는 그럴 만한 이유가 있다. 인간의 뇌가 직접적인 설명(direct instruction)에 집중할 수 있는 시간이 그 정도밖에 되지 않기 때문이다.

수업은 짧고 흥미로워야 한다. 가르치는 데 쓰는 시간을 최소화하고, 짝과의 토론, 모둠별 토론, 모둠활동, 그 외에도 활동적이고 상호작용적인 구조 속에서 수업내용을 처리하고(process), 확실하게 다지고(consolidate), 확장(extend)할 수 있는 시간을 많이 주어야 한다. 만약 긴 시간을 들여 직접 설명해야 하는 수업이라면, 수업을 여러 개의 작은 부분으로 나눌 필요가 있다. 『브레인 룰스(Brain Rules)』(2014)를 쓴 발달분자생물학 교수 존 메디나(John Medina)는 강의를 할 때 "10분 규칙"을 지키라고 제안한다. 강의가 길게 이어지는 동안 학생들이 호기심을 잃지 않고 계속 집중할 수 있도록 수업을 10분 단위로 쪼개 한 번에 하나의 핵심 개념만을 다루라는 것이다. 즉, 정해진 10분이 끝날 때마다 강의내용과 관련된 재미있는 이야기를 짧게 하거나 다른 흥미로운 내용을 끼워 넣어 학생들이 가볍게 쉬어갈 수 있도록 하고, 다시 집중해서 다음 강의를 들을 수 있도록 준비시키는 것이 좋다.

어떤 교사들은 직접교수법의 한 형태로 질의응답 형식을 이용해 불필요하게 수업시간을 늘리기도 한다. 이때 교사는 학생들을 수업에 참여시키고 흥미를 갖게 하려는 좋은 의도로 학생들에게 질문을 하면서 내용을 가르치려고 할 것이다. 〈표 10.1〉은 이런 식으로 수업을 시작하는 방식과 좀 더 직접적으로 가르치는 방식을 비교하고 있다.

질의응답 방식으로 진행하는 수업에는 두 가지 문제가 있다. 첫째, 혼란스럽다. 학생들은 질문과 답이 오가는 과정에서 올바른 정보뿐 아니라 유사한 개념, 잘못된 정보, 무관한 말 또한 듣게 된다. 교사명확성(teacher clarity)이 학업성취에 어떤 영향을 주는지를 살펴본 연구들을 메타분석해 보면 교사가 재미있게, 속도조절을 잘하면서 분명하게 의사소통을 할 때 학습에 상당히 긍정적인 영향을 미치는 것으로 나타났다(Fendick, 1990). 그런데 질의응답 방식은 의사소통이 명확하지 않고, 재미있지 않으며, 속도조절도 어렵다. 오히려 정답을 몰라 걱정하는 일부 학생들을 움츠러들

표 10.1   불필요한 문답식 상호작용을 줄이고 직접적으로 가르치기

| 묻고 답하는 방식 | 직접 가르치는 방식 |
| --- | --- |
| 교　사: 오늘은 곱셈을 연습할 거야. 지난 시간에 어떤 곱셈법을 사용했는지 기억하는 사람?<br><br>학생 1: 격자곱셈법이요!<br><br>교　사: 그렇지! 격자곱셈법을 어떻게 하는지 기억하는 사람?<br><br>학생 2: 우선, 직사각형을 그린 다음 그 옆에 숫자를 써야 해요.<br><br>교　사: 음. 그게 격자곱셈법이 맞을까? 아니면 열린배열곱셈법 같은 다른 곱셈법일까?<br><br>학생 2: 모르겠어요.<br><br>교　사: 좋아, 그럼 일단 직사각형을 그리고 옆면에 숫자를 써보자. 그 다음 단계 아는 사람?<br><br>학생 3: 대각선을 그려야 해요. 하지만 저는 이 방법이 마음에 안 들어요. 저는 부분곱셈법이 더 좋아요.<br><br>교　사: 그렇구나. 하지만 지금은 일단 격자곱셈법으로 해보자. 자, 이렇게 대각선을 그었어. 이제 어떻게 하지?<br><br>학생 2: 제가 아까 말한 것처럼 숫자를 옆에, 안쪽 옆에 써요.<br><br>교　사: 좋아, 그럼 숫자를 써보자. 하지만 안쪽이 아니라 바깥쪽에 써야지. 다음 순서는?<br><br>학생 4: 저는 답을 벌써 구했어요. 1,036이에요.<br><br>교　사: 어떻게 해서 그 답을 구했니? | 교　사: 오늘은 곱셈을 연습할 거야. 지금까지 배웠던 곱셈법 중에 아무거나 사용하면 돼. 먼저, 선생님이 각각의 방법을 간단히 보여줄게. 그러면 기억을 떠올리는 데 도움이 될 거야. 격자곱셈법을 쓰려면 우선 대각선이 있는 직사가형을 그려야겠지? 이렇게 말이야. 여기서 꼭 기억해야 할 것은 곱해주는 숫자들을 직사각형 바깥쪽에 나란히 써야 한다는 거야. 그런 다음, 상자 안쪽에서 곱셈을 하는 거지. 이렇게. |

게 해서 수업에 참여하기를 더욱 꺼리게 만든다.

두 번째로, 질의응답 방식은 비효율적이다. 이런 수업방식은 교사가 직접 설명하며 진행하는 수업보다 시간이 두 배나 더 걸릴 수도 있다. 이는 집중력이 부족한 학생들을 지루하게 하거나 산만하게 만들어 돌발행동을 초래하고, 이로 인해 결국 모든 학생이 수업에 방해를 받을 수도 있다. 이미 수업내용을 잘 알고 있는 학생들에게도 마찬가지다. 이 아이들은 수업이 늘어지면 빠른 속도로 흥미를 잃어버리기 때문이다. 재미있고 간단한 5분짜리 강의가 지루하고 힘든 25분짜리 고역스런 활동으로 바뀌면서 학생들은 집중력을 잃게 되고 수업 분위기는 늘어져 결국 모두의 소중한 학습시간이 낭비되고 만다.

### 되풀이하는 말을 줄여라

교사들에게서 흔히 볼 수 있는 언어습관 중에 학생의 말을 그대로 되풀이하는 것이 있는데(p. 162 예시 참조), 이 때문에 수업 중 학생의 발화비율보다 교사의 발화비율이 월등히 더 높아지기도 한다. 이런 습관은 수업 중 교사들이 말하는 시간을 늘릴 뿐만 아니라 학생들에게 서로의 말을 들을 필요가 없다는 메시지를 주게 된다. 심지어 교사가 되풀이하지 않은 말은 중요하지 않다는 암시를 줄 수도 있다.

이와 같은 언어습관과 관련해 교사들과 함께 이야기를 나누다보면 교사가 학생의 말을 되풀이하는 데는 몇 가지 공통적인 이유가 있다는 걸 알 수 있다. 어떤 교사들은 무의식적으로 말을 되풀이하지만, 대부분의

## 되풀이하는 말의 예

**교사:** 『호빗(The Hobbit)』에서 빌보가 다음에 어떤 행동을 할까?

**학생:** 도망갈 것 같아요.

**교사:** (고개를 끄덕이며) 도망갈 것 같다. 다른 생각이 있는 사람?

**학생:** 골룸을 죽이려고 할 수도 있어요.

**교사:** 음... 골룸을 죽이려고 할 수도 있다. 다른 사람?

**학생:** 난쟁이들을 찾으려고 할 거예요.

**교사:** 난쟁이들을 찾으려고 할 것이다.


교사는 의도적·전략적으로 이 방법을 사용한다. 학생들의 생각을 보완하거나 확인해주기 위해서다. 하지만 이때 교사는 먼저 스스로에게 물어야 한다. 선생님이 되풀이하지 않는 말은 무의미하다는 뜻을 전달하고 싶은가? 그게 아니라면 말없이 고개를 끄덕이거나 미소를 지어보임으로써 학생들의 생각을 승인해줄 수도 있다. 아니면, 다른 적절한 말을 사용해 아이들이 자신의 생각을 좀 더 확장시킬 수 있도록 유도하는 방법도 있다. "좀 더 자세히 말해봐."라는 식으로 말이다. 어떤 교사는 학생들이 목소리가 작아서 서로 잘 듣지 못하는 일이 생기기 때문에 부득이하게 학생의 말을 되풀이할 때가 있다고 털어놓았다. 그런 경우라면 학생들이 큰 소리로 또박또박 말할 수 있도록 지도하고, 필요하다면 잘 못 들은 학생이 해당 학생에게 다시 말해달라고 요청하게 하는 편이 좋다. 어떤 교실에는 학생들 간에 약속된 신호, 가령 '손을 귀에 대는 신호'가 있어서, 친구가 한 말을 알아듣지 못했을 때 이러한 수신호를 사용하기도 한다.

## "그렇지?"라는 말을 습관적으로 사용하지 말라

최근 들어 교실에서는 물론이고 대중적으로도 점차 사용빈도가 늘어나고 있는 새로운 언어습관이 하나 있다. 습관적으로 말미에 갖다 붙이는 "그렇지?"가 바로 그것이다. 나 역시 몇 번 그 말을 사용한 적이 있는데, 습관이 되어버리기 전에 아예 싹을 자르려고 노력 중이다. 이런 식이다. "링컨은 분명, 굉장한 대가를 치르더라도 북부연방을 지키고 싶어 했어, 그렇지? 노예제도 폐지를 원한 것도 사실이지만, 대통령으로서 일차적으로는 나라를 통합하기 위해 노력해야 한다는 걸 알았던 거야, 그렇지?"

문장을 끝내면서 자연스럽게 붙이는 "그렇지?"라는 말은 언뜻 학생들의 대답을 유도하는 것처럼 들리지만, 사실 이는 대답을 듣기 위해 쓰는 말이 아니다. 학생들이 교사 자신의 말에 동의하고 집중하고 있다는 착각을 불러일으킬 뿐이다. 그 말의 진짜 의미는 이렇다. "내 말에 너희도 동의하니까 계속 진행하자." 나도 역시 문장 끝에 '그렇지?'를 붙이면 어쩐지 기분이 좋아지는 느낌이었다. 마치 학생들의 동의를 얻은 듯한 기분이 들어서다.

이와 유사한 또 다른 언어습관으로는 반 전체에게 "다음으로 넘어가도 되겠지?" 하고 묻는 것이 있다. 이 말 역시 학생의 대답을 유도하는 것처럼 들릴 수 있다. 마치 교사가 학생들의 의견을 물어 수업에 반영하려는 듯이 들리기 때문이다. 교사가 이렇게 물으면, 학생들은 고개를 끄덕이거나 '네' 하고 짧게 대답하기도 한다. 하지만 이런 말을 할 때 우리가 정말로 아이들에게 선택권을 주고 있다고 말할 수 있을까? 이와 같은 교사의 언어습관은 학생들이 아무 말 하지 않았는데도 마치 수업에 참여하고 있다고 착각하게 만들 수 있다.


## 개방형 질문을 더 많이 하라

학교에서 교사들이 던지는 전형적인 질문들은 많은 경우 매우 낮은 수준의 응답을 요구한다. 이런 유형의 질문은 질문 시작하기(Initiate), 대답하기(Respond), 평가하기(Evaluate)라는 예측 가능한 패턴을 따르며, IRE라고 일컬어진다(Walsh & Sattes, 2015, p. 7). 교사가 답이 정해져있는 질문을 하고, 학생은 그 질문에 답한다. 그러면 교사는 맞다, 틀리다 둘 중 하나로 평가를 내린다. 이런 유형의 질문은 교실에서 교사와 학생이 주고받는 말을 매우 단순하고 기계적으로 만들 뿐만 아니라 학습을 주도하는 권한

표 10.2  다양한 답변을 할 수 있도록 유도하기

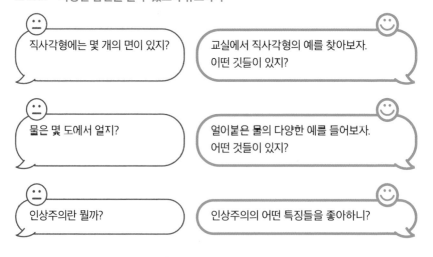

직사각형에는 몇 개의 면이 있지?

교실에서 직사각형의 예를 찾아보자. 이떤 깃들이 있지?

물은 몇 도에서 얼지?

얼이붙은 물의 다양한 에를 들어보자. 어떤 것들이 있지?

인상주의란 뭘까?

인상주의의 어떤 특징들을 좋아하니?

이 교사에게 있다는 사실을 확인시켜준다. 이런 상황에서는 교사의 발화 비율이 학생의 두 배가 될 수밖에 없다.

교사는 개방형 질문을 많이 사용할 필요가 있다. 개방형 질문은 수용 가능한 답변을 좀 더 다양하게 이끌어낼 수 있고, 훨씬 더 흥미로우며, 학생들의 생각을 자극할 수 있다. 또한 포용적인 속성을 갖고 있기 때문에, 정답을 알고 있는 학생뿐만 아니라 그렇지 않은 학생들도 활발하게 의견을 공유할 수 있다. 이와 같이 학생들이 개방형 질문에 대해서는 자신의 생각을 나눌 수 있기 때문에 수업 중 학생의 발화비율이 늘어난다(<표 10.2> 참조).

## 대화식 토론을 활용하라

개방형 질문의 효과를 높이고, 학생들의 발화시간을 늘리는 좋은 방법은 대화식 토론(interactive discussion)을 활용하는 것이다. 대화식 토론은 한 번에 한 사람씩만 말하는 전통적인 토론방식과는 달리 모든 학생이 말할 수 있다. 이 방식을 활용하면 학생들이 말하는 시간을 늘리는 데도 도움이 되고, 학생들 각자에게 말할 기회를 골고루 주기에도 좋다. 학급토론은 소수의 학생들이 주도하기 십상이지만, 짝과의 대화나 소모둠 토론에서는 더 많은 학생이 동등하게 목소리를 낼 수 있다.

단순하고 쉽게 쓸 수 있는 대화식 토론법으로 옆이나 뒤로 몸을 돌려 대화하기(turn-and-talk)를 들 수 있지만, 이 외에도 여러 가지 방법을 고려해볼 수 있다. 옆이나 뒤로 몸을 돌려 대화하기 같은 토론법은 몸의 움직임을 유발하기 때문에, 뇌에 산소를 공급하고 활기를 만들어내며, 사고력과 의사소통능력을 활성화하는 데 도움이 된다. 모두 조용히 자리에 앉아 한 번에 한 사람씩 말하는 것을 듣는 학급토론에 비해 이 방법은 좀 더 적극적인 교사의 개입이 필요하지만, 장점을 따져보면 그러한 수고를 할 만한 가치가 충분히 있다.

대화식 토론은 수업 중 배운 것을 확실하게 다지고자 할 때, 브레인스토밍을 하면서 아이디어를 모을 때, 토론을 준비할 때 사용할 수 있다. 이와 관련해 아이디어를 제공해주는 참고도서가 많이 있는데, 그중에서 『Total Participation Techniques(완전한 학습참여 기법)』(Persida & William Himmele, 2017) 같은 책으로 시작해보는 것도 좋다. 이 책에는 학생들이 학습과 관련된 활동을 할 때 적극적으로 각자의 역할을 수행하도록 돕는 실용적인 전략이 많이 실려 있다.

---

**대화식 토론의 다양한 방식**

- **음악에 맞춰 섞이기**: 음악이 나오면 학생들이 이리저리 움직인다. 음악이 멈추면 각자 가까이에 있는 친구와 짝을 이루어 간단히 토론한다.
- **카드 짝 찾기**: 학생들에게 카드(게임카드, 단어카드, 동의어카드 등)를 나눠주고, 짝을 이루는 카드를 가진 친구를 찾아 이야기를 나누게 한다. 한 차례 대화가 끝나면 카드를 섞어 같은 과정을 반복한다.
- **공통점 찾기**: 항목(옷 색깔, 이름 속 철자 등)을 지정해 학생들이 서로 공통점이 있는 짝이나 그룹을 찾아서 간단히 토론하게 한다.

## 결론

교사의 말에 관해 다루는 책에서 교사가 말을 줄여야 한다는 내용이 한 장(章)을 가득 채우고 있다는 것이 다소 놀라울 수도 있다. 하지만 가끔은 교사가 입을 다물고 학생들이 스스로 생각할 수 있도록, 그리고 더 많이 말할 수 있도록 해야 한다는 사실을 잊지 말자.

# "성적 잘 받고 싶으면 공부해라!"

## 내적동기를 꺾는 말

11

초등학교 교사들은 흔히 이렇게 말한다. "요즘 아이들은 공부하려는 의욕이 없어요. 그저 놀거나 게임만 하고 싶어 해요." 중학교 교사들의 불평을 들어보자. "학생들이 전혀 공부에 신경을 쓰지 않아요. 공부는 어떻게든 최소한만 하고, 최대한 빨리 끝낸 후에 친구들과 잡담이나 하고 싶어 하죠." 고등학교 교사들이 걱정하는 것도 크게 다르지 않다. "아이들은 온통 성적에만 관심이 있어요. 열정을 갖고 공부하면 좋으련만, 선생님이 채점기준표를 나눠주고 점수 잘 받는 방법이나 말해주기를 바란다니까요."

교사는 학생들이 뭔가 배우고자 하는 의욕을 품기를 바란다. 좀 더 구체적으로 말하면, 학생들이 강한 내적동기를 품어주기를, 즉 배움에 대한 갈망과 열정을 품고서 열심히 공부하며 기꺼이 도전하기를 원한다. 그러나 많은 경우 학생들은 지나치게 수동적이다. 학습 자체를 거부하거나, 그저 최소한의 노력을 들여 가능한 한 최소한의 분량만을 해치우고 대충 넘어가려고 한다. 어떤 면에서는 이 책 전체가 학습동기와 관련이 있지만, 이번 장은 특별히 학습동기를 핵심 주제로 다룰 것이다. 특히 내적동기, 즉 내면에서 우러나오는 학습동기를 북돋울 수 있는 방법에는 어떤 것들이 있는지 모색해보고자 한다. 이 장의 본격적인 주제로 들어가기 전에, 먼저 우리가 직면한 문제가 정확히 무엇인지 이해하기 위해 주로 학교에서 학생들에게 일차적으로 제공되는 외적동기에 대해 알아보자.

어떤 일을 수행하는 대가로 간식, 상, 상품, 금전적인 보상 등을 주는 외적동기는 보상이 없다면 하지 않을 일을 하게끔 만든다. 보상에 대한 기대가 그렇게 만드는 것이다. 아이들은 스티커를 받기 위해 숙제를 해가고, "잘했어!"라는 칭찬을 받고 싶어서 복도에서 조용히 걷는다. '이번 주

모범생 상'을 받기 위해 바르게 행동하고, 상으로 피자를 먹기 위해 책을 많이 읽고, 좋은 점수를 받기 위해 선생님이 시키는 대로 한다.

나의 딸 칼리가 초등학생이었을 때, 한 담임선생님은 학생들에게 동기를 부여하기 위해 무진 애를 썼다. 그 선생님은 보상제도를 사용했는데, 아이들이 규칙을 잘 지키거나 다른 선생님에게 칭찬을 받을 때마다 교실 앞에 마련된 통에 폼폼(pompom, 작고 보드라운 털뭉치-옮긴이)을 넣어주었다. 그 통이 폼폼으로 가득 차면 학생들은 '노는 날'을 상으로 받았다. 이 '노는 날'은 학생들이 잠옷을 입고 등교해 하루 종일 아무 공부를 안 해도 되는 날을 의미했다. 선생님은 이런 내용을 학부모에게 설명하면서 눈을 장난스럽게 찡긋거리며 말했다. "하지만 실제로는 하루 종일 수학 게임과 문해력 게임을 할 거예요. 너무 재미있어서 아이들은 공부를 하고 있다는 사실조차 모를 테지만요!"

어쩌면 그 선생님도 학습이란 모름지기 재미있어야 한다고, 재미있는 게 맞다고 믿고 있을지도 모른다. 하지만 학생들에게 '노는 날'을 보상으로 줌으로써 실제로는 정반대의 메시지를 보내고 있었다. 공부를 하지 않는 것이 일종의 보상이 된다면, 공부는 본질적으로 재미없고 가급적 피해야만 하는 무언가가 되기 때문이다. 특히, 학습활동을 하면서 아이들이 '너무 재미있어서 공부하고 있다는 사실조차 모를 거'라고 말하는 대목을 보면 그 교사가 실제로는 공부를 재미있는 것으로 생각하지 않는다는 걸 알 수 있다. 그 교사의 논리대로라면 학생들이 자신이 무언가를 배우고 있다는 사실, 즉 공부하고 있다는 사실을 알게 되는 순간, 그때까지 그들이 느꼈던 재미와 즐거움은 줄어들 것이기 때문이다.

학교에서 외적동기에 지나치게 의존하면 많은 문제가 생긴다. 외적동기를 활용할수록 내적동기가 감소한다는 사실을 보여주는 연구가 상당히 많다. 한 가지 사례를 살펴보자. 그림 그리기를 좋아하는 미취학 아동 한 무리가 있다. 몇몇 아이에게는 그림을 그리면 보상을 주겠다고 미리 약속했고, 몇몇은 그림을 그리고 난 후 예정에 없던 보상을 받았다. 그리고 나머지 아이들은 아무런 보상을 받지 못했다. 이 중 미리 보상을 약속받았던 아이들, 즉 그림을 그리는 행위에 대해 인센티브를 약속받은 아이들은 실험이 끝난 뒤 그림 그리기에 대한 열정이 눈에 띄게 감소했다(Lepper, Greene, & Nisbett, 1973).

외적동기가 내적동기에 미치는 영향을 알아보기 위해 수행된 128건의 연구를 메타분석한 결과, 모든 보상은 내적동기를 크게 손상시키는 것으로 드러났다(Deci, Koestner, & Ryan, 1999). 참여에 대한 보상이든, 과제완료나 과제수행에 대한 보상이든 결과는 동일했다. 여름방학 동안 책을 많이 읽은 학생에게 피자를 사주기로 하면, 그해 여름에 아이들이 읽은 책의 수는 늘어나지만 읽기에 대한 내적동기는 전반적으로 줄어드는 결과가 나타난다. 유치원생에게 '노래를 부르면 스티커를 주겠다'라고 하면 아이들은 노래 부르는 기쁨을 잃게 되고, 초등학생에게 '열심히 공부하고 다른 사람들에게 친절하면 노는 날을 주겠다'라고 하면 아이들은 오히려 열심히 공부하거나 타인에게 친절하고자 하는 마음을 덜 품게 된다. 마찬가지로, 공부하는 행위에 대해 A, B 등의 점수로 보상을 해주면, 학습에 대한 내적동기는 오히려 줄어든다.

외적동기는 성취 면에서도 부정적인 영향을 준다. 로체스터대학교의 심리학자 에드워드 데시(Edward Deci)와 연구진은 초등학생부터 대학생까지 다양한 연령대의 학생들을 세 그룹으로 나누어 흥미로운 연구를 실시했다. 그 결과, 시험을 볼 것이라고 미리 안내를 받고 공부한 학생들은 시험에 대해 전혀 모르고 학습내용을 읽은 학생들, 그리고 다른 사람을 가르치기 위해 공부한 학생들에 비해 성취도가 더 낮았다(Deci et al., 1999, pp. 47–48). 앞서 소개한, 보상을 받고 나서 그림 그리기에 흥미를 잃은 유아들의 경우도 마찬가지였다. 당시 전문가들은 보상을 받은 아이들의 작품이 보상을 받지 않은 아이들의 작품보다 미적 완성도가 다소 떨어진다고 평가했다.

7장에서 살펴본 것처럼, 인센티브와 보상이 초래하는 또 다른 문제는 이와 같은 외적동기가 주어질 경우 학생들이 학습활동을 거래적 성격을 띠는 것으로 보고 선택이 가능한 것, 즉 해도 되고 안 해도 되는 것으로 간주할 수 있다는 점이다. 생각해보자. "과제를 끝내면 스티커를 하나 줄게요."라는 말을 들으면, 아이들은 과제를 할지 말지 저울질하기 시작한다. '고작 스티커 하나를 받기 위해 과제를 해야 할 필요가 있을까?'라는 질문을 던지고, 그렇지 않다는 결론에 도달하면 과제를 하지 않기로 결정할 수도 있다. 어떤 교사들은 과제를 제출하지 않는 학생들에 대해 분통을 터트리며 이렇게 말하곤 한다. "F를 받아도 전혀 신경을 쓰지 않는 아이들이 있어요!" 그 아이들은 성적을 잘 받기 위해 시간과 노력을 쏟아야 한다고 생각하지 않기 때문에 그런 결정을 내린 것뿐이다. 그 아이들에겐 성적이 공부를 해야 하는 충분한 동기로 작용하지 않는다는 뜻이다. 마크 트웨인(Mark Twain)은 『톰 소여의 모험(The Adventures of Tom

Sawyer)』(1876)의 그 유명한 울타리 페인트칠 장면 끝부분에서 이런 심리를 아주 절묘하게 보여주었다. "영국에는 여름철이면 네 마리 말이 끄는 여행용 마차를 몰고 매일 20~30마일씩 달리는 부유한 신사들이 있다. 여행용 마차를 타는 것은 상당한 비용이 드는 일종의 특권이어서 놀이 삼아 직접 마차를 모는 것이다. 하지만 마차를 모는 대가로 돈을 주겠다고 하면, 그것은 곧 노동이 되고 따라서 그들은 곧 그 일을 그만두려 할 것이다."

공부나 성적에 전혀 관심이 없어 보이는 학생들은 어디에나 있기 마련이다. 어떤 학생은 과제를 전혀 하지 않거나 기꺼이 낙제를 하는 등 학업에 대한 관심을 완전히 끊어버리는 모습을 보이기도 하고, 어떤 학생은 최소한만 하면 된다는 태도를 보이기도 한다. 어떤 아이들은 아예 "채점기준표나 주세요. B를 받으려면 어떻게 해야 하는지 보게요."라고 말한다. 슬프게도, 이 아이들도 처음부터 이러지는 않았을 것이다. 의욕 없는 네 살짜리 아이를 본 일이 있는가? 8장 첫머리에서 언급한 캐시와 수전의 유치원 교실은 배움에 대한 열정이 가득한 아이들로 넘쳐났다. 그 아이들은 매일 아침, 뭐든 배울 준비가 돼 있다는 듯한 호기심 충만한 얼굴로 교실에 들어선다. 아이들은 너도나도 즐겁게 그림을 그리고, 무언가를 만들고, 역할극을 하고, 책을 읽고, 모래 테이블에서 실험을 하고, 노래를 부른다. 하지만 학교에 입학하자마자 그곳에 만연한 보상과 인센티브 시스템으로 인해 아이들은 학년이 올라갈수록 배움에 대한 내적동기를 점차 잃게 된다. 스티커, 사탕, 상품, 성적 그리고 별다른 의미 없는 칭찬 그 모든 것이 배움에 대한 아이들의 열정을 조금씩 갉아먹는 것이다.

일련의 제도적 장치, 특히 성적 매기기나 학교 차원의 시상과 같은 제도를 학교에서 모두 없애려면 엄청난 시간과 노력이 필요하다. 물론 시도해 볼 가치는 충분히 있지만, 그 부분은 이 책에서 다루고자 하는 내용의 범위를 벗어난다. 그 대신 교사로서 우리가 할 수 있는 일은 학습, 과제, 학생의 행동에 대해 말하는 방식을 바꾸는 것이다. 지금부터 우리가 쓰는 언어에 초점을 맞춰보자. 상벌제도와 같은 학교의 구조적 문제를 잘 다루고 학생들이 잘 헤쳐 나가도록 도우면서 이떻게 하면 우리의 언어를 통해 학생들의 내적동기를 강화할 수 있을까?

## 내적동기란 무엇인가

먼저, 내적동기가 무엇인지 알아야 한다. 학교에서는 외적동기가 너무 흔하기 때문에 내적동기가 무엇인지 알아내는 것부터 어렵게 느껴질 수 있다. 성적, 간식, 상과 같은 외적보상이 아니고서 과연 무엇으로 아이들에게 공부를 더 열심히 하게끔 동기를 부여할 수 있을까? 이는 외적동기만을 부여받으며 성장한 사람들에게는 특히 어려울 수 있다. 그동안 칭찬, 성적, 스티커 같은 외적동기만을 접해온 사람이라면, 학습동기가 우리 내면에서 발생할 수 있다는 것을 처음에는 이해하기 어려울 수 있기 때문이다.

내적동기는 사람의 내면으로부터 온다. 내적동기가 발현되면 어떤 일을 할 때 그 행위 자체만으로도 충분히 가치 있다고 느끼게 된다. 예를 들어, 저녁마다 뜨개질을 하는 이유가 긴장을 완화하는 데 도움이 될 뿐 아니라 새로운 작품을 완성할 때의 성취감이 좋아서라면, 뜨개질은 바로 내적동기에 따른 행위다. 음악이 주는 즐거움이 좋아서, 혹은 합창단원으로서의 소속감이 좋아서 합창단에서 노래를 한다면 그것도 내적동기에 따른 행위다. 또 이웃과 지역사회를 돕겠다는 목적의식을 가지고 봉사단체에서 활동을 하는 것도 내적동기에 따른 행위다.

이처럼 내적동기는 다양하지만, 대부분 몇 개의 큰 범주 중 하나에 포함된다. 매슬로우(Maslow)의 욕구단계, 글래서(Glasser)의 선택이론(choice theory), 에드워드 데시(Edward Deci)의 저서 『Why We Do What We Do(우리 행동의 이유)』(1995), 그리고 대니얼 핑크(Daniel Pink)의 저서 『드라이브(Drive)』(2009)에 설명돼 있는 자발적 동기부여의 핵심 요소들을 참고해 내적동기를 분류해보면 다음과 같다.

- **소속감**: 우리는 다른 사람들과 사회적으로 관계 맺기를 원한다. 공동체의 일원이 되고 친구를 사귀는 일은 그 자체로 기분 좋은 일이다.
- **자율성**: 우리는 해야 할 일과 그 일을 하는 방식에 대해 주도권을 갖고 스스로 통제하는 독립적이고 자발적인 존재가 되고 싶어 한다.
- **숙달**: 성장하고 배우면, 즉 무엇인가에 점점 능숙해지면 기분이 좋다. 우리는 능히 해낼 수 있는 일에 기꺼이 도전한다.
- **중요성**: 우리는 자신이 하는 일이 중요한 일이기를 원한다. 일시적이거나 자신에게만 의미 있는 일이 아니라 좀 더 원대한 목표를

달성하기 위한 일이기를 원한다.

- •재미: 우리는 재미와 즐거움을 갈망하고 어떤 일에든 기분 좋게 참여하고 싶어 한다.

---

**내적동기를 유발하는 다양한 전략**

- • 짝활동이나 모둠활동 하기
- • 학습에 대한 실제적인 결정권 갖게 하기
- • 학습을 심화시킬 수 있는 게임을 하거나 직접 만들게 하기
- • 학생주도의 목표설정 및 자기평가 전략 사용하게 하기
- • 삶과 밀접하게 연관되어 있는 과제 수행하게 하기(예: 책 쓰기, 실제 청중을 대상으로 발표하기, 웹사이트 만들기, 지역사회 봉사활동에 대해 알아보기)

다행스러운 건 교사가 학생들과 함께 하는 활동이 재미있고 가치 있다면 이러한 내적동기 중 일부가 그 활동에 자연스럽게 내재돼 있을 것이라는 점이다. 예를 들어보자. 자신의 읽기실력과 쓰기실력이 점점 나아지는 모습을 보는 것은 학생들에게 매우 즐거운 일이다. 이는 숙달과 자존감의 욕구라는 내적동기를 자극한다. 학생들에게 학습의 선택권을 주면, 교사와 학생이 자율성과 권한을 공유할 수 있게 된다는 점에서 학생들의 내적동기를 자극한다. 작품이나 조사결과를 청중 앞에서 발표해야 한다면, 목적의식, 소속감, 중요성 측면에서 내적동기를 자극할 수 있다. 다음에 이어지는 내용을 읽으며 각각의 예시가 어떤 내적동기를 자극하고 있는지 살펴보라. 내적동기를 불러일으키려면 교사가 학업에 대해 어떤 방

식으로 말해야 할지 생각해보는 데 도움이 될 것이다.


## 누구나 내적동기를 품고 있다고 생각하고 강조하기

학생들과 이야기를 나누면서 선생님들의 언어습관과 패턴에 대해 물어보면 놀랍게도 아주 많은 교사들이 수업을 재미없고 지루한 것으로 표현한다는 사실을 알게 된다. 어느 선생님은 사회시간에 다음 단원을 소개하면서 "여러분 중엔 역사를 좋아하지 않는 사람들이 있다는 걸 알아요."라고 말하고, 어느 스페인어 선생님은 "자, 다음 활동지는 다소 지루하지만, 몇 가지 중요한 내용을 담고 있어요."라고 말했다고 한다. 심지어 한 학생은 수학 선생님이 수업을 시작할 때 "나도 여러분만큼이나 수업하기 싫지만, 시험에 나오니까 어쩔 수 없어요."라고 말한 적도 있다고 전했다. 그런 말이 교실에서 어떤 수업 분위기를 조성할지 한번 생각해보라. 무관심하고 의욕 없는 학생들을 보고 싶다면 얼마든지 그렇게 해도 좋지만, 이렇게 한번 해보는 건 어떨까. 학생들이 이미 공부의욕이 충만하다고 전제하고, 수업활동 자체가 가진 흥미로운 특징을 강조하는 말을 사용해보자(<표 11.1> 참조).


## 수준 높은 용어를 적절히 섞어 사용하기

숙달의 경지에 이르고자 하는 욕구를 자극하는 한 가지 방법은 조금은 어렵고 전문적인 용어를 사용함으로써 학생들도 그러한 용어를 사용하도

**표 11.1　흥미를 자극해 내적동기를 유발하기**

| | |
|---|---|
| 자, 힘들더라도 문제를 풀어보자. 어렵지 않으니까 너무 겁먹지 말도록! | 자, 재미있어 보이는 문제를 찾아서 먼저 풀어보자. |
| 책을 펼치기 전에, 수업 먼저 하자. 금방 끝날 거야. | 오늘 수업을 잘 들은 다음 책을 읽으면, 책 내용이 쏙쏙 들어올 거야. |
| 음악을 좋아하지 않는 사람도 있겠지만, 일단 한 번 들어보자. | 오늘 듣게 될 음악은 굉장히 매력적이야. 노래가 전하고자 하는 메시지에 귀 기울여보자. |

록 유도하는 것이다. 새로운 단어를 능숙하게 사용하면 학생들은 자신에게 힘과 권한이 있다고 느끼게 된다. 학습주제와 관련된 어휘라면 더 그렇다. 예를 들어, 음악을 배우는 학생들은 포르테(forte), 피아니시모(pianissimo), 안단티노(andantino)와 같은 단어들을 능숙하게 사용하는 기쁨을 즐길 수 있다. 학습과정과 관련이 있는 단어를 소개하는 것도 좋다. 저학년 학생들은 메타인지(metacognition)나 등장인물 분석(character analysis)과 같은, 꽤나 전문적인 용어를 사용해보는 것을 좋아한다. 나는 5학년 아이들에게 가드너의 다중지능(Garderner, 2011) 개념을 소개한 적도 있다. 아이들이 자신의 작업을 공유하기 위한 프로젝트 아이디어를 낼 수 있도록 돕기 위해서였다. 상당수의 학생들이 대인(interpersonal)지

능, 언어(linguistic)지능, 자기성찰(intrapersonal)지능 같은 용어를 사용하며 즐거워했다.

『Learning and Leading with Habits of Mind(마음습관으로 배우고 지도하기)』(2008)에서 아서 코스타(Arthur Costa)와 베나 캘릭(Bena Kallick)은 "학생들이 이러한 지적 행위를 인식하고 수행하는 능력을 높일 수 있도록"(p. 124) 교사가 "의식적으로" 용어를 사용할 것을 권한다. 두 사람에 따르면, 실제로 교사들이 구체적이고 지적인 용어를 사용할수록 학생들이 그 용어와 직접적으로 연관되는 마음습관을 기르게 될 가능성이 높아진다. 단순히 "자, 이 두 사진을 보자."라고 말하는 대신 "이 두 사진을 비교해보자."라고 말하는 편이 더 좋다는 뜻이다. '가설을 세우다, 평가하다, 적용하다, 추측하다' 등의 용어를 사용하면 학습에 대한 흥미를 북돋을 뿐만 아니라 학생들이 그 용어들을 내면화해서 해당 용어가 의미하는 스킬을 사용하도록 도울 수 있다(pp. 124–125).

## '언젠가'가 아니라 '지금'을 강조하기

학생들이 지금 하고 있는 작업에서 딱히 내적동기를 찾기 어렵다고 느낄 때 교사가 자주 저지르는 실수는 "나중에 필요할 때가 있을 거야. 그러니 지금 배워두는 게 좋아."라는 식으로 말하는 것이다. 수학지식을 잘 활용하는 것이 중요하다고 강조하면서 "내년에 5학년이 되면 선생님들은 너희가 당연히 곱셈을 빨리 할 수 있을 거라고 생각하실 거야."라고 말하는 게 그 예다. 또는 누군가가 "과학보고서를 작성하는 법을 제가 왜 알아야 하죠?"라고 물을 때 "나중에 과학분야로 진출하려면 당연히 보고서 쓰는 법을 알아야지."라고 답하는 것도 마찬가지다.

당연하겠지만, 학생들에게 동기를 부여하기 위해 '언젠가'에 의존하면 두 가지 문제가 생길 수 있다. 첫째, 사람들은 나중에 얻게 될 이익을 위해 지금 어려운 일을 하는 것에 매우 서투르다. 노후를 위해 저축을 하거나, 체력을 위해 억지로 운동을 하거나, 건강을 위해 제대로 된 식사를 하는 것을 힘들어한다. 물론 아이들이 만족을 지연하는 능력을 기르도록 돕는 것은 그 자체로 가치 있는 일이다. 다만 '나중의 쓸모'를 강조하는 방식은 지금 이 순간 수학지식을 배우고 연습하는 데 필요한 긍정적인 에너지를 형성하는 데는 도움이 되지 않는다. 둘째, 10년 후는 말할 것도 없고, 당장 내일 어떤 일이 벌어질지 아무도 모른다. '언젠가'라는 말은 현실성이 없어서 학생들이 중요성을 간과하거나 얼버무리기 쉽다. 아이들은 "저는 과학자가 될 생각이 없기 때문에 과학보고서 쓰는 법을 배울 필요가 없어요." 또는 "요즘은 핸드폰으로 곱셈을 할 수 있으니 곱셈연습은 필요 없어요."라고 말할 수도 있다.

사우스다코타 주의 토드카운티 고등학교에서 나와 함께 일했던 선생님은 "나중에 다 쓸모가 있을 거야."와 비슷한 효과를 내는 다른 표현에 대해 경고한 적이 있다. 이 선생님은 교사들이 "실생활에서"라는 말을 쓰지 말아야 한다고 지적했는데 나는 이에 전적으로 동의한다. 여러분도 이 말의 의미를 잘 알고 있을 것이다. 예를 들면 이런 것이다. "실생활에서 사람들은 여러분이 타인과 협력하기를 기대할 거예요. 그러니 지금부터 그 방법을 익혀두는 편이 좋겠죠." 이러한 언어습관 역시 몇 가지 이유로 문제가 될 수 있다. '실생활'을 언급하는 말은 '나중에'와 마찬가지로 좀 더 즉각적이고 바람직한 내적동기를 자극하는 데 실패한다. 게다가 마치 학생들의 현재 생활과 상황을 무시하는 것처럼 들린다. 학생들이 지금 몸 담고 있는 생활공간인 학교와 가정이 '실생활'이 아니라고 말하는 것과 같기 때문이다.

교사는 보다 즉각적인 내적동기에 가닿을 수 있도록 힘써야 한다. 실험보고서를 써서 다른 반과 공유하거나 온라인에 공개하도록 하면 그저 점수를 받기 위해 선생님에게 제출할 때와 달리 뚜렷한 목적의식을 갖게 할 수 있다. 또 게임을 하면서 수학지식을 익히게 하면 아이들이 그 순간을 즐기면서 학습할 수 있다. 교사는 학생들의 내적동기를 이끌어낼 수 있는 방법을 끊임없이 찾아 학습에 대해 더는 외적보상을 할 필요가 없도록 만들어야 한다.


## 교사의 만족감과 인정을 드러내는 말 줄이기

학교에서 사용되는 가장 일반적인 형태의 외적 동기부여 장치 중 하나가 교사의 만족감과 인정을 드러내는 말이다. 앞서 7장에서 우리는 교사의 언어가 아이들의 도덕적 추론에 어떤 영향을 미치는지를 살펴본 바 있다. 교사의 만족감과 인정을 드러내는 말 역시 같은 맥락의 언어에 해당한다. 이런 언어는 공부를 하거나 올바른 행동을 하는 이유가 선생님을 기쁘게 하거나 선생님의 기대에 부응하기 위해서라고 은연중에 강조한다. 이를 '소속감'이라고 잘못 생각하고는, 아까 앞에서 소속감은 내적동기의 일종이라고 하지 않았느냐고 반문할 수도 있다. 학생들이 교사와 친밀하다고 느끼고 교사를 기쁘게 해주고 싶어 하는 것이 잘못은 아니지 않은가? 물론 그렇다. 하지만 친밀한 관계를 쌓고 소속감을 느끼는 것과 인정을 받기 위해 의존하는 것 사이에는 커다란 차이가 있다.

먼저, 학생들은 누구나 교사와 긍정적인 관계를 맺고 싶어 한다는 사실을 기억해야 한다. 겉보기에 늘 퉁명스럽고 외톨이처럼 보이는 학생들도 마찬가지다. 이 아이들은 약한 모습을 보이기보다는 차갑게 구는 편이 차라리 더 안전하다고 학습해왔을 뿐이다. 발표시간에 학생의 말을 경청하면서 미소를 띠고 고개를 끄덕일 때, 도움을 요청했던 학생에게 이후에도 관심을 보이며 후속질문을 할 때, 우리 자신의 개인적인 이야기를 공유하고 아이들에 대해 알아가며 학생들과의 관계를 쌓아갈 때, 바로 이럴 때 우리는 소속감과 친밀감을 느끼고 싶어 하는 아이들의 욕구를 채워주게 된다.

그런데 그런 친밀한 관계를 이용해 교사가 원하는 무언가를 하게 만드는 순간, 그것은 학생들에게 외적동기로 작용한다. 8장에서 우리는 이것이 아이들의 행동에 어떤 영향을 미치는지 검토했다. 이제 이를 학습참여 및 동기와 관련지어 살펴보자. "선생님은 여러분이 프로젝트를 위해 그렇게 많은 자료를 수집했다는 점이 참 마음에 드네요!"라고 말하면, 교사의 인정을 받기 위해서는 자료를 많이 수집해야 한다는 걸 암시하게 된다. 교사의 인정이 학생들에게는 일을 잘하게 만드는 장려책이나 보상으로 기능하는 것이다. 이 경우에는 목적이나 숙련을 강조하는 말로 대체할 수 있다. "프로젝트에 정말 많은 자료를 이용했네요. 그렇게 하면 연구의 신뢰도가 매우 높아지지요. 그 주제에 대해 깊이 생각했다는 걸 보여주니까요. 또 주제에 대해 다양한 관점을 제시한다는 면에서도 유용하지요." 〈표 11.2〉에 몇 가지 예가 더 제시되어 있다.

하지만 그러한 상황에 놓이는 모든 순간에 교사의 입장을 완전히 배제해야 한다는 뜻은 아니다. 9장에서 나는 학생의 자기주도성을 강조하려면 주어 자리에 '선생님은'이라는 말을 가급적 쓰지 않아야 한다고 강조했다. 이것은 유효한 전략이지만, 때로는 주어를 '선생님은'으로 시작해도 좋은 때가 분명히 있다. 학급토론 시간에 교사가 학급의 일원으로서 의견을 제시하고 싶을 때가 그 예다. 이때는 "선생님 생각에는" 하고 말을 시작해도 된다. 학생이 쓴 글에 대해 독자의 관점에서 말하고 싶을 때도

표 11.2   교사의 인정보다는 숙련도를 강조하기

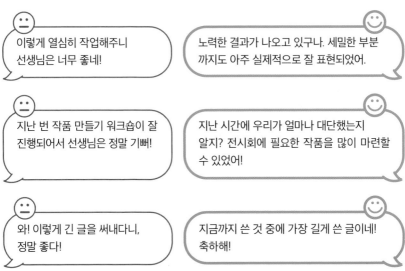

마찬가지다. "독자로서 선생님은 첫 문단에 사용된 이미지가 충격적이라고 느꼈어." 두 경우 모두 교사는 자신을 학생과 동등한 위치에 두고 있다. 교사는 학급의 일원으로서 자신의 생각을 이야기하고, 독자로서 학생의 글에 반응하고 있을 따름이다. 위계 없이 동등한 입장에 서 있다는 것을 보여줄 수 있다면, 교사가 "선생님은…"이라고 말해도 학생들이 그것을 권위자의 말로 인식하지 않을 수 있다.


### 시험과 성적에 대해 말하는 방식 바꾸기

여기서 잠깐, 깜짝 퀴즈를 풀어보도록 하자.

1. 다음 중 시험과 퀴즈의 역할을 가장 잘 보여주는 보기를 고르면?

   a. 학생들은 시험과 퀴즈를 잘 보기 위해서 공부를 해야 한다.

   b. 시험과 퀴즈는 학생의 학습상황을 이해할 수 있는 한 가지 방법이다.


2. 다음 중 성적의 역할을 가장 잘 보여주는 보기를 고르면?

   a. 성적은 학습에 대한 보상이다.

   b. 성적은 학생의 학습상황을 반영한다.


위의 두 질문에 대해 "b"를 답으로 골랐다면, 당신은 시험이나 퀴즈 또는 점수가 학습을 위한 주요 동기부여 수단이 되어서는 안 된다고 생각하고 있을 가능성이 높다. 아마 대부분의 교육자들은 "b"를 선택할 것이다. 교사는 시험이나 성적이 아닌 학습 그 자체가 목표가 되기를 원하지만, 정작 학생들에게는 정반대로 말하곤 한다. 가령 "A 학점을 받으려면 열심히 공부해야 한다."라는 말은 공부를 해야 하는 이유가 좋은 성적을 받기 위해서라는 의미를 전달한다. 이는 본말이 전도된 것이다. 그보다는 "이 자료를 완벽하게 이해하려면 공부를 해야 한다."라고 말하며 숙달 및 능력 향상에 대한 욕구를 자극해 내적동기를 유발하는 것이 바

표 11.3  성적이 아니라 배움을 강조하기

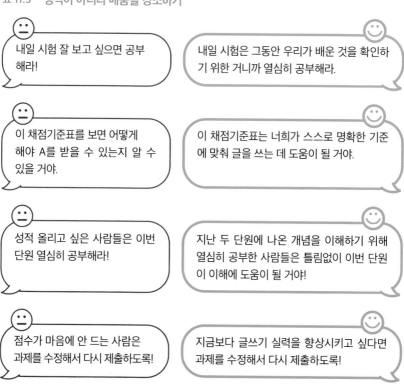

| :-| | :-) |
|---|---|
| 내일 시험 잘 보고 싶으면 공부해라! | 내일 시험은 그동안 우리가 배운 것을 확인하기 위한 거니까 열심히 공부해라. |
| 이 채점기준표를 보면 어떻게 해야 A를 받을 수 있는지 알 수 있을 거야. | 이 채점기준표는 너희가 스스로 명확한 기준에 맞춰 글을 쓰는 데 도움이 될 거야. |
| 성적 올리고 싶은 사람들은 이번 단원 열심히 공부해라! | 지난 두 단원에 나온 개념을 이해하기 위해 열심히 공부한 사람들은 틀림없이 이번 단원이 이해에 도움이 될 거야! |
| 점수가 마음에 안 드는 사람은 과제를 수정해서 다시 제출하도록! | 지금보다 글쓰기 실력을 향상시키고 싶다면 과제를 수정해서 다시 제출하도록! |

람직하다.

그런데 이렇게 바꿔 말하면 모든 학생이 갑자기 공부를 열심히 하게될까? 물론 아니다. 하지만 어떤 메시지가 전달될 것인지는 분명하다. 교사의 말에서 학습과 숙달이 공부의 목표가 되어야 함을 분명하게 전하고있기 때문이다. 비록 학생들의 행동이 즉각 달라지지는 않더라도, 교사가이렇게 말하면 학생들의 내적동기를 강화하는 데 도움이 된다(<표 11.3>참조).

## 결론

학생들의 내적동기를 자극할 방법에 대해 생각할 때, 의외로 많은 교사가어려움에 직면한다. 교사들 역시 지시에 따르기를 강조하는 학교환경에서 자랐을 가능성이 매우 높기 때문이다. 학창 시절, "이미 답을 알고 있는데 왜 문제풀이 과정을 보여드려야 하죠?" 하고 수학 선생님께 물어본적이 있을 것이다. 그때 선생님에게서 들은 대답은 아마 "그래야 하니까.잔말 말고 어서 풀이과정을 이리 내놔."였을 것이다. 학교는 학생들에게언제나 군말 없이 지시에 따르도록 요구해왔고, 어느새 교사가 되어 학생들 앞에 선 우리 또한 여전히 과거와 똑같은 체제 속에서 살고 있을 것이다. 다른 사람들이 개발한 교육과정에 따라 그대로 운영하면서 해당교육과정 담당자에게 교사가 이런 질문을 한다고 생각해보자. "제가 지금 이 단원을 왜 가르쳐야 하죠? 저희 반 아이들은 지난 단원도 아직 못배웠는데요." 그러면 너무나 익숙한 대답이 돌아올 것이다. "왜냐하면, 그래야 하기 때문이죠. 교육과정을 충실하게 따라야 하니까요."

학생 또는 교사 자신의 활동에 어떤 내적동기가 작용될 수 있는지를 모른다면, 내적동기를 강조하는 언어습관을 과연 어떻게 기를 수 있을까? 앞으로 14장에서 언어습관을 바꾸기 위한 구체적인 전략을 다수 배우겠지만, 당장 시도해볼 만한 아이디어가 있다. 당신이 가르치는 수업 또는 단원의 내용을 이 장에서 소개한 다섯 가지 내적동기 요소, 즉 소속감, 자율성, 숙달, 중요성, 재미의 관점에서 살펴보는 것이다. 예를 들어, 학생들이 각자의 작업을 게시판이나 인터넷 사이트에 게시하거나 발표 형식으로 공유하기로 되어 있다면 이때의 내적동기는 중요성이 될 것이다. 학생들이 무엇을 어떻게 배울지 선택할 수 있다면, 자율성이 내적동기가 될 수 있다. 마찬가지로 짝과 활동하기는 소속감이, 게임은 재미가, 목표달성차트 만들기는 숙달이 각각 내적동기가 될 수 있다.

이렇게 각각의 활동에 들어있는 내적동기 요소가 무엇인지 파악하고 나면, 학생들과 대화를 나눌 때 이 요소들을 어떻게 강조할지 함께 생각해볼 수 있다. 만일 어떤 내적동기 요소도 찾을 수 없다면, 최소한 하나 정도는 연동시킬 수 있도록 활동을 바꾸는 것이 좋다. 어떤 활동을 하든 최소한 하나의 내적동기 요소와 연결시킬 방법을 찾도록 하라. 그러면 학생들은 단순히 교사의 지시를 따르는 상태에서 벗어나 자신의 학습에 좀 더 적극적으로 참여하게 될 것이다.

여기서 내적동기를 자극하는 일의 중요한 장점을 언급할 필요가 있겠다. 학생들이 학교에서 하는 활동에 진심으로 관심을 갖게 되어 내적동기를 발휘하면, 수업시간의 문제행동이 줄어든다. 학교에서는 많은 경우 학생들의 학습상황을 살펴보지 않은 채 문제행동만을 지적하려고 하는데, 이것은 심각한 문제다. 학습동기를 전혀 느낄 수 없는 학생이 긍정적으로 행동하기란 불가능하다는 것을 기억해야 한다.

# "글쓰는 재주를 타고났구나!"

## 재능을 강조하는 말

12

캐롤 드웩(Carol Dweck)의 사고관점(mindset) 연구만큼 교육계에 큰 반향을 일으킨 아이디어는 찾아보기 어렵다. 스탠포드대학교의 심리학 교수이자 연구자인 드웩은 성장관점(growth mindset, 누구나 성공적으로 배울 수 있다는 믿음을 의미한다-옮긴이) 개발에 관해 수십 년 동안 연구하고 그 결과를 발표해 왔지만, 2006년에 『마인드셋(Mindset)』이 출판된 후에야 많은 교육자들이 드웩의 연구에 친숙해졌다. 드웩의 연구는 심리학 분야에서 안젤라 덕워스(Angela Duckworth)의 철저하고도 유명한 그릿(grit) 연구(2016)와 결을 같이 한다. 덕워스의 그릿(grit, '실패해도 좌절하지 않는, 열정과 집념이 있는 끈기'를 의미하며, 이 개념은 동명의 흥미로운 책에 잘 요약되어 있다-옮긴이) 연구는 성취와 성공에 관한 한 노력과 노고가 재능보다 훨씬 더 중요하다는 설득력 있는 주장을 하고 있다.

드웩의 메시지는 굉장히 설득력 있다. 학습에 대해 우리가 말하는 방식이 중요하다는 것이다. 학생들의 능력과 재능을 칭찬할 때("너 정말 똑똑하구나!" "너는 글을 참 잘 쓰는구나!" "예술에 대단한 소질이 있네!"), 우리는 재능이나 지능이 고정된 속성을 지니고 있으며 그것이 성공의 열쇠라는 생각을 강화하게 된다. 그렇게 말하는 대신 우리는 학생들이 성공에 있어 근면의 중요성과 가치를 이해할 수 있도록 노력에 초점을 맞추어 칭찬해야 한다. 하지만 이 책에서 이미 보았듯이 "너는 글을 참 잘 쓰는구나!"라는 말을 "글을 열심히 쓰니까 참 좋네!"라는 말로 바꾸는 걸로는 충분하지 않다. 이번 장에서는 아이들이 성공을 위해 기꺼이 노력할 수 있도록 성장관점을 기르는 데 도움을 주는 언어전략을 몇 가지 살펴보도록 하자. 또한 구어뿐 아니라 학생들의 성장과 학습을 지원하기 위해 글로

써서 피드백을 줄 때 사용하는 언어에 대해서도 생각해볼 것이다.


## 성장관점도 시범을 보여라

앞에서도 언급했지만 한 번 더 말해야겠다. 훌륭한 교사는 배움에 능통한 사람이다. 교사 자신이 배우는 사람이 아니고서야 어떻게 아이들의 학습을 촉진할 수 있겠는가? 교사의 이런 면모를 학생들이 직접 볼 수 있어야 한다. 배우는 과정에서 어려움을 겪었던 일, 위험을 감수해야 했던 일을 포함해 교사가 어떻게 학습하는지를 아이들 앞에서 확실히 보여줄 필요가 있다.

8장에서 언급된 전략, 즉 몰입해서 뭔가를 배운 경험을 학생들과 공유하는 것이 여기서도 유용하게 쓰일 수 있다. 현재 가르치고 있는 내용과 직접적인 관련이 있는 학습경험에 대해 말해줄 수 있을 것이다. 예를 들어, 작문시간에 시(詩)에 관한 단원을 가르친다면 이렇게 말할 수 있다. "어렸을 때 선생님은 시를 가깝게 여기기가 어려웠어. 모든 걸 각운을 맞춰 생각하는 데에나 몰두했지. 그러다가 여름특강을 들었는데 그 수업을 계기로 시를 완전히 새로운 눈으로 보게 됐어. 다양한 시를 가지고 이것저것 해보는 게 재미있었고, 그러면서 조금씩 더 나아지는 나를 발견했지."

가르치는 내용과는 직접적인 관련이 없지만 성장과 학습에 관련된 경험을 이야기해줄 수도 있다. 중요한 부분을 강조하기 위해 수업 중간에 그런 이야기를 살짝 끼워 넣을 수도 있고, 학생들과 가볍게 이야기를 하다가 적절한 순간을 만나면 그 때 부수적으로 그에 관련된 이야기를 할 수도 있다. 운전을 배운 이야기나 운동을 꾸준히 했던 이야기, 또는 요즘 열심히 하고 있는 취미활동에 대한 이야기도 괜찮다.

아이들 앞에서 성장관점을 드러내는 또 다른 방법은 교사로서 새로운 일을 시도하거나 도전적인 일을 할 때 학생들에게 알려주는 것이다. "오늘 우리는 이전에 한 번도 해보지 않은 활동을 할 거야. 과연 어떻게 될지 궁금하네!"라고 말하는 식이다. 아니면 교사로서 목표를 세워 알려주고, 함께 배우고 성장하려면 도움이 필요하다는 식으로 말할 수도 있다. "올해 목표 중의 하나는 수업시간을 항상 능동적이고 상호작용하는 시간으로 만드는 거야. 선생님이 잘하고 있는지 확인할 수 있도록 여러분이 좀 도와줄 수 있을까? '앉아서 듣기만 하는 시간이 너무 길어서 몸을 좀 움직였으면 좋겠다.'라고 생각하는 사람이 있다면 꼭 선생님에게 알려주면 좋겠어."

중요한 것은, 학생들이 학교에서 마주치는 모든 어른을 학습자로 인식할 수 있어야 한다는 점이다. 목표를 향해 끊임없이 노력하고, 새로운 도전을 하며 애를 쓰고, 그러한 수고를 기꺼이 즐기는 사람으로 말이다. 첫 근무지였던 초등학교의 현관에는 에릭 호퍼(Eric Hoffer)의 다음과 같은 말이 밝은 노란 바탕에 쓰여 내걸려 있었다. "변화의 시기가 오면, 배우는 사람들이 세상을 물려받을 것이다. 이미 다 배워서 더 배울 게 없다고 생각하는 사람들은 고상하게, 그러나 더 이상 존재하지 않는 과거의 세상에나 걸맞은 모습으로 남게 될 것이다."

## 자기비하가 담긴 농담은 신중하게 하라

교사들이 부정적인 혼잣말과 고정관점을 시범보이면서 지나친 자기비판 또는 자기비하를 하는 경우가 얼마나 많은가? 화이트보드에 지도를 그리다 말고 "난 그림엔 정말이지 소질이 없어." 하고 탄식하는 교사도 있고, 다가올 밴드공연에 대해 이야기하면서 "내겐 도무지 음악가의 피가 흐르지 않는다니까." 하고 아쉬워하는 교사도 있다.

그러나 이런 종류의 말을 의도적으로 할 수도 있다. 스스로를 깎아내리는 농담이라도 상황에 맞게 하면 분위기를 살리는 데 도움이 된다. 또 선생님이라고 모든 걸 잘 하는 건 아니며 선생님 역시 배워가는 사람이라는 생각을 전달할 수 있다. 따라서 자기비하가 담긴 농담을 할 때도 성

표 12.1   노력하는 학습자로서 교사의 모습 보여주기

선생님은 피아노를 잘 못 쳐. 음악 쪽으로는 영 소질이 없지.

선생님 피아노 솜씨가 아직 썩 좋진 않지만, 이만큼 치기 위해 정말 많이 연습했단다.

선생님은 소설 쓰는 게 힘들어. 창의력이 부족하거든.

선생님은 논설문 쓰기를 더 많이 해봤기 때문에 소설 쓰는 게 힘들지만, 창의력을 좀 더 키우면 나아지겠지?

선생님은 머리가 나빠서 잘 못 외워. 항상 다시 찾아봐야 해.

선생님은 뭔가를 외우려면 남들보다 두 배는 노력해야 해. 그래도 조금씩 나아지고 있는 것 같아.

장관점을 보여줄 수 있는 방식으로 하는 게 좋다. 예를 들면 "선생님이 노래하는 법을 제대로 배워보겠다고 하면 사람들이 겁낼 거야. 내가 원래 한 번 마음먹으면 시간이 얼마나 걸리든 기어코 해내는 사람이거든. 듣는 사람들이 좀 괴롭겠지만 말이야."라는 식으로 말이다. 하지만 이런 말을 자주 하진 않는 편이 좋다. 너무 자주 쓰면 학급 분위기에 영향을 줄 뿐만 아니라 미숙한 학습자라는 교사의 이미지가 고착될 수 있기 때문이다. 학생들이 교사를 본받을 만한 학습자로 보기를 원한다면, 교사가 자신의 학습에 대해 말하는 방식에 신중을 기하고, 말할 때에도 분명한 목적을 가져야 할 것이다(<표 12.1> 참조).

## 피드백은 구체적으로 하라

킴 스콧(Kim Scott)은 『실리콘밸리의 팀장들(Radical Candor)』(2019)이라는 책의 저자다. 러스 라라웨이(Russ Laraway)는 해병대, 구글, 트위터에서 오랫동안 근무한 운영책임자다. 두 사람은 <Radical Candor(지독한 솔직함)>이라는 팟캐스트(podcast)를 공동으로 진행한다. 팟캐스트의 주요 애청자는 회사에서 관리직을 맡고 있는 사람들이지만, 그 내용은 교육계에도 적용할 만하고 캐롤 드웩의 연구와도 상당 부분 일치한다. 교사 업무의 일부는 학습자의 성장을 관리하고 지원하는 일인데, 이는 기업의 관리자들이 직원을 육성하고 지원하는 방식과 일맥상통한다. 스콧과 라라웨이는 팟캐스트 주제로 '효과적인 피드백 주기'를 여러 차례 다뤘다. 두 사람은 피드백이 효과가 있으려면 먼저 좋은 관계를 구축하는 것이 중요하다고 강조했는데, 이와 더불어 좋은 피드백의 특성과 목적에 관해서도 탁월한 통찰을 보여주었다. 두 사람의 설명에 따르면, 사람들은 피드백의 목적이 상대방에게서 특정한 감정을 불러일으키는 데 있다고 종종 생각한다. 상대방을 기분 좋게 하려는 것이 칭찬이고, 기분 나쁘게 하려는 것이 비판이라고 생각하는 것이다. 그러나 사실은 그렇지 않다. 칭찬이든 비판이든, 피드백은 듣는 사람이 더 나아지도록 돕는 것과 관련이 있다. 긍정적인 피드백은 피드백을 받는 사람이 무엇을 잘했는지를 이해하도록 돕고, 그것을 바탕으로 더 큰 성취를 쌓아갈 수 있도록 해야 한다. 그리고 비판적인 피드백은 실수를 통해 배워서 더 성장할 수 있도록 도와야 한다. 〈지독하게 솔직한 비판〉이라는 제목의 에피소드에서 스콧은 "무엇이 훌륭했는지를 아주 구체적으로 말하고, 개선이 필요한 점이 무엇인지 아주 분명하게 말해야 한다."라고 충고한다.

피드백은 학습에 매우 중요하다. 거시적인 목표(goals)와 학습목표(learning targets)에 비추어봤을 때 학생들이 어떻게 하고 있는지를 이해하는 데 도움을 주며, 피드백이 효과적이면 학생들이 내용을 숙달하고 학

---

**"잘했어!" 대신 쓸 수 있는 학생 중심적 표현**

"해냈구나!"

"축하해!"

"어려운 과제였는데, 노력 많이 했구나!"

"이번엔 제대로 해냈구나!"

"정말 열심히 했다는 게 눈에 보여!"

"그래, 바로 그거야!"

습을 즐기고자 하는 내적동기를 자극할 수 있다. "잘했어!"처럼 교사의 개인적인 인정이나 평가를 강조하는 피드백이 학생에게 도움이 되는 경우는 드물다. 그런 말은 학습에 관한 유용한 정보를 주지 않고, 학생들이 위험을 감수해야 하는 도전적인 과제를 회피하게 만드는 결과를 빚을 수 있기 때문이다(Hattie, 2009, p. 177).

효과적인 피드백은 옳고 그름을 판단하기보다는 사실을 구체적으로 기술해야 하며, 학생들이 목표를 향해 발전해가는 과정을 스스로 더 잘

표 12.2  관찰한 것을 바탕으로 피드백 주기

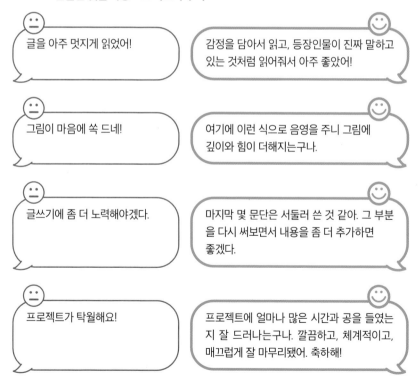

이해할 수 있도록 도와야 한다. 학생들의 노력, 스킬, 성장에 대해 관찰한 것을 구체적으로 제공하면, 학생들이 자신의 역량을 강화하고 내용을 숙달하려는 내적동기를 자극하는 데 도움을 줄 수 있다. 그러나 이를 위해서는 교사가 달라져야 한다. 특히 학생을 평가하고 판단하는 데 익숙한 교사라면 더욱 그렇다(<표 12.2> 참조). 교사는 능숙한 관찰자가 되어 학생들의 학습과정을 살피면서 도움이 될 만한 구체적인 요소들을 의도적으로 찾아내야 한다. 교사의 생각이나 느낌은 덜 말하고, 교사로서 관찰한 것을 더 많이 말해야 한다. 판사와 배심원이 아니라 코치 역할을 해야 한다는 뜻이다.

이 책의 다른 부분에서 이미 논의된 효과적인 피드백의 다른 특성들도 잊지 않도록 하자. 교사의 만족을 강조하는 언어 또는 교사중심적 언어에서 벗어나는 것이 그중 하나다. 예를 들어, "여러 전략을 사용해 과제를 해결하는 방식이 마음에 드네."라고 말하는 대신, "여러 전략을 사용해 과제를 해결했구나!"라고 말하는 것이다. 또한 다음과 같이 말함으로써 학생들의 자기성찰을 유도할 수도 있다. "여러 전략을 사용해 과제를 해결했구나. 그중 어떤 전략이 특히 도움이 됐다고 생각하니?"


## 재능이 아닌 노력과 자질에 집중하기

피드백을 줄 때 지능이나 재능을 강조하면 고정관점을 갖게 될 위험이 있는데, 그러면 학생들이 도전을 하거나 과감한 시도를 해볼 가능성이 낮아진다. 따라서 교사는 노력에 초점을 맞춘 피드백인지 분명하게 확인할 필

**표 12.3　재능보다는 노력을 강조하고, 구체적인 피드백 주기**

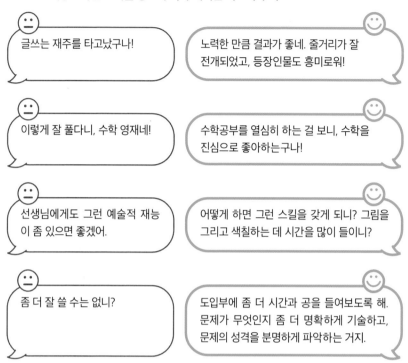

글쓰는 재주를 타고났구나!

노력한 만큼 결과가 좋네. 줄거리가 잘 전개되었고, 등장인물도 흥미로워!

이렇게 잘 풀다니, 수학 영재네!

수학공부를 열심히 하는 걸 보니, 수학을 진심으로 좋아하는구나!

선생님에게도 그런 예술적 재능이 좀 있으면 좋겠어.

어떻게 하면 그런 스킬을 갖게 되니? 그림을 그리고 색칠하는 데 시간을 많이 들이니?

좀 더 잘 쓸 수는 없니?

도입부에 좀 더 시간과 공을 들여보도록 해. 문제가 무엇인지 좀 더 명확하게 기술하고, 문제의 성격을 분명하게 파악하는 거지.

요가 있다. 〈표 12.3〉에 제시된 좋은 피드백의 예를 보면서 재능보다 노력을 강조하는 것 외에 또 어떤 특징이 있는지 생각해보라. 각각의 피드백은 학생의 성취에 대해 교사가 어떻게 생각하며, 학생의 작업에서 어떤 강점이 엿보이는지를 자세히 말해주고 있다. 이런 피드백은 학생에게 필요한 스킬이나 특성이 무엇인지 더 잘 이해하도록 도울 뿐 아니라, 각자의 성취를 기반으로 더욱 발전할 수 있도록 해준다.

캐롤 드웩은 자신의 연구와 조언을 지나치게 단순화하지 말아달라고 당부한다. "잘했어!"를 "훌륭한 시도였어!"로 바꿔 말한 다음, 이것이 성장 관점 언어로 전환했음을 의미한다고 생각하기 쉽다(Dweck, 2016). 하지만 이런 진정성 없는 칭찬은 득보다는 실이 많다. 여러 연구를 검토해보면, 이는 특히 청소년들에게 역효과를 낼 가능성이 있다. 이런 의미 없는 칭찬으로는 열심히 노력하면 능력이나 스킬이 향상될 수 있다는 믿음을 심어줄 수 없기 때문이다(Amemiya & Wang, 2018). 반대로, 노력하면 무엇이든 성취할 수 있다고 말하는 것 역시 조심해야 한다고 드웩은 경고한다. 어려운 과제를 붙들고 끙끙대는 아이에게 "열심히 하면 뭐든지 해낼 수 있어!"라고 말하면 공허한 격려가 되고 만다. 그럴 때는 노력이나 수고에 대해 더욱 구체적인 지도와 코칭을 제공해 아이들이 진정한 성과를 낼 수 있도록 도와야 한다.

**격려하고 싶을 때 주의해야 할 말들**

교사는 애쓰고 노력하는 것을 중시하기 때문에 학생들에게 열심히 공부하고 더욱 노력하도록 독려하는 경우가 많다. 일리가 있고 중요한 일이다. 하지만 그 방식에 대해서는 한번 곰곰이 생각해봐야 한다. 경우에 따라서는 의도와 달리 오히려 아이들의 의욕을 꺾을 수도 있다. 주의해야 할 예를 몇 가지 들어보면 다음과 같다.

**"최선을 다하자."**

몇 년 전 나는 마라톤 주자로서 내가 정해놓은 목표시간을 달성하려고 노력중이었다. 겨울이 오기 전에 그 시즌 마지막 5킬로미터 마라톤을 뛰기로 했다. 열심히 훈련했고, 충분한 휴식을 취했으며, 경기 전날 밤 제대로 된 저녁식사도 했다. 그런데 경주는 내가 예상했던 것보다 거칠고 험난했다. 초반 속도가 빨랐기 때문에 3.2킬로미터 지점에 도달했을 때만 해도 이대로만 가면 목표를 달성할 수 있겠다고 생각했다. 그런데 곧 발이 쿵하고 떨어지는 느낌이 들었다. 다리가 납덩이처럼 무거웠다. 숨쉬기가 힘들었다. 비틀거리며 겨우 결승선을 통과했다. 개인 최고기록을 갱신했지만 내가 세운 목표시간을 달성하지는 못했다. 너무 지쳐서 손으로 물병을 집어드는 것조차 힘들었고, 넘어지지 않도록 무릎 사이에 머리를 박고 앉아 있어야 했다. 나는 최선을 다했을까? 그랬다고 대답하긴 쉽지만, 사실은 그렇지 않았을 것이다. 좀 더 열심히 훈련하거나 더 잘 준비하기 위해 경주구간을 달려보며 예행연습을 할 수도 있었을 테니까 말이다. 힘을 아껴 경주 후반부를 대비했더라면 조금 더 현명하게 뛸 수도 있었을 것이다. 후반부에 호랑이 한 마리가 갑자기 내 뒤에 나타났다면, 나는 틀림없이 마지막 1.6킬로미터 구간의 1/10 지점에서 속도를 확 끌어올릴 수 있었을 것이다.

우리는 언제나 학생들에게 최선을 다하라고 말한다. 하지만 그런 말은 그리 크게 도움이 되지 않을지도 모른다. 되돌아보면 언제나 좀 더 잘할 수 있었다는 걸 알게 되기 때문이다. 불안감과 싸우며 스스로 커다란 부담감을 떠안고 있는 학생들에게 "최선을 다하자."라는 말은 스트레스를 가중시킬 뿐이다. 동기부여에 어려움을 겪는 학생들은 그 말을 들으면 '내가 최선을 다할 리가 없어.'라고 생각하면서 모든 것을 포기해버릴지도 모른다. 열심히 하도록 격려하는 다른 방법에 대해서 아이디어를 얻고 싶다면 아래를 참조하라.

---

### "최선을 다하자." 대신 쓸 수 있는 말

"조금만 더 정성을 쏟아보자."

"자, 모두 다음 도전에 초점을 맞추고 아이디어를 내보자."

"지금부터 20분 동안 계속 집중을 유지하고 열중하도록 애써봅시다."

"모둠별로 생각해봅시다. 어떤 모습이 보이고, 어떤 소리가 나고, 어떤 느낌이 들어야 우리가 진짜 열심히 하고 있다고 할 수 있을까요?"


## "그냥 최선을 다하면 돼."

말 사이 사이에 '그냥'이라는 말을 끼워넣는 것이 얼마나 쉬운지 느껴본 적이 있는가? 마치 별 것 아니라는 듯, 그리 어려운 일이 아니라는 듯, 분위기를 가볍게 하기 위해 우리는 '그냥'이라는 말을 쓴다. 걱정을 덜어주거나 모든 게 다 잘 될 거라고 안심시키기 위해 "괜찮아. 그냥 최선을 다하면 돼."라고 말하기도 한다. 그런데 잠깐 멈춰서 생각해보면, 그런 말을 할 때 어쩌면 우리는 최선을 다하는 게 어려운 일이 아니라는 뜻을 전하고 있는 건지도 모른다. 그렇게 되면 우리가 본래 의도한 바와는 완전히 반대로 말하는 셈이 된다.

'그냥'이라는 말은 다른 상황에서도 별 도움이 되지 않는 방식으로 사용될 수 있다. 토론 전에 "그냥 긴장 풀어."라고 말할 수도 있고, 시험 전에 "그냥 집중하면 돼."라고 말할 수도 있다. 또, 수업 중에 "그냥 여기 좀 주목해봐."라고 말할 수도 있다. 이렇게 말하면 긴장을 풀고, 집중하고, 주의를 기울이는 게 모두 아주 쉬운 일이며 학생들이 당연히 그 방법을 알고 있다는 듯이 들린다. '그냥' 하기만 하면 되는 일이니까 말이다. '그냥'이라는 말보다는 좀 더 구체적인 방법을 제시하는 편이 좋다. "시험을 보면서 에너지를 현명하게 쓰도록 해보세요. 풀 수 있겠다 싶은 문제를 먼저 푸는 거죠." "토론이 격해질 수도 있어요. 그럴 땐 눈을 감고 다섯 번 심호흡을 하면 긴장이 좀 풀릴 거예요." "좋아요, 여러분. 선생님 쪽으로 몸을 돌리고 잘 들어요. 다음 지시사항들은 이제 무엇을 해야 하는지 이해하는 데 도움이 될 겁니다." 하고 말하는 것이 그 예다.

## "이거 쉬운 거야."

학생들에게 무언가를 시도해보거나 어딘가에 에너지를 써보라고 격려하기 위해 "이거 쉬운 거야."(혹은 "걱정 마, 이거 쉬운 거야!")라고 말하는 것 역시 좋은 의도에서 비롯된다. 도전하는 데 필요한 마음의 여유를 만들어주려는 것이기 때문이다. 하지만 여기에는 몇 가지 문제점이 있다. 첫째, 쉬우니까 한번 시도해보라는 말은 어려운 일에는 도전하지 않아도 된다는 말로 들릴 수 있다. 쉬운 일이라서 좋은 거라면, 어려운 일은 나쁜 일일 것이기 때문이다. 입장을 바꿔서 생각해보자. 학생이 된 당신이 무언가를 하는 것을 두려워하고 있다. 실패할 것이 걱정돼 망설이고 있다. 그 때 선생님이 다가와 안심시키려는 의도로 이렇게 말한다. "걱정 마, 이거 쉬운 거야!" 이 말을 듣고 당신의 기분이 나아질까? 선생님의 어조가 용기를 줄 수도 있을 테지만, 실패에 대한 걱정은 더 커질 수 있지 않을까? 쉬운 일인데도 실패한다면 어떻게 될까? 아마 스스로 정말 바보 같다고 느낄 것이다.

학생이 무언가를 시작하는 데 너무 큰 부담을 느끼거나 긴장하고 있다면, 좀 더 구체적인 조언으로 격려하는 편이 낫다. "첫 번째 문제를 한번 풀어보고, 어떻게 되어가는지 봅시다."라고 말할 수 있다. 혹은 어떻게 시작하면 좋을지 함께 생각해봐줄 수도 있다. 예를 들면, "혹시 이번 과제에 대해 묻고 싶은 게 있나요?"라고 물어보는 것이다. 언뜻 잘 이해가 안 될지도 모르겠지만, 해야 할 일이 조금 어려운 일이라고 설명해주면 오히려 아이들의 심리적 부담을 누그러뜨리는 데 도움이 될 수도 있다. "행운을 빈다!" 또는 "도움이 필요하면 선생님을 찾으렴." 하고 말하면 이 과제가 어렵고, 도움이 필요할 것임을 알려주는 셈이 되어 아이들이 조금 더 수월하게 위험을 감수하고 도전하게끔 만들 수 있다.

## 형성평가형 피드백을 더 많이 주어라

효과적인 피드백, 즉 성장으로 이끄는 의사소통의 특징은 과제가 아직 진행중일 때 피드백이 주어진다는 것이다. 모든 것이 끝난 후에 피드백을 주면 아이들이 그 정보를 가지고 과연 무엇을 할 수 있을까? 되돌아보면, 새내기 교사였을 때 나는 수차례 이런 실수를 저질렀다. 큰 프로젝트가 끝나고 나면, 무엇을 잘했고 어떻게 하면 더 나았을지에 대한 피드백을 엄청나게 쏟아 붓곤 했다. 개별연구 프로젝트가 끝나면, 총괄적 피드백 (summative feedback)을 한 페이지 가득 써서 주곤 했다. 어떤 부분을 계속해서 잘 살려나가야 하는지, 또 어떤 부분에서 개선이 필요한지 파악해서 아이들이 각자의 프로젝트를 통해 배울 수 있도록 도와주려고 노력했다. 문제는 내가 잘못된 타이밍에 피드백을 주었다는 사실이다. 프로젝트가 끝나면 아이들은 이미 완료된 프로젝트에 대해서는 아무것도 할 수 없었고, 다음 프로젝트는 시기상 너무 떨어져 있어서 아이들이 나중을 위해 그 많은 피드백을 기억하고 그것을 통해 도움을 받기가 어려웠다. 피드백을 저장해 두었다가 다음 프로젝트를 시작할 때 학생들에게 그 내용을 다시 보게 하더라도, 보통은 프로젝트의 성격이 다르기 때문에 이전의 피드백이 항상 유용하게 쓰이지는 못했다.

교사는 총괄적 피드백을 주는 시간을 줄이고, 형성적 피드백(formative feedback)을 더 많이 주는 쪽으로 전환해야 한다. 과제가 진행되는 동안 학생들과 함께 논의하는 시간을 마련하거나, 격려의 메시지나 제안을 포스트잇에 써서 아이들이 작성한 초안이나 개요에 붙여줄 수도 있다. 진행 중인 과제와 관련해 잘 모르는 부분이 있다면 그것에 대해 질문을 써서 제출하게 해서, 과제가 더 진행된 뒤 큰 문제에 봉착하는 일이 벌어지기 전에 개별적으로 지원하고 안내할 수도 있다.

형성적 피드백을 더 많이 주면 중·고등학교 교실에서 흔히 일어나는 일정관리 문제를 해결하는 데도 도움이 된다. 교사들은 학습을 촉진하기 위해 과제를 다시 하게 하는 경우가 많다. 원하는 점수를 받을 때까지 시험이나 글쓰기, 프로젝트를 몇 번씩 다시 제출하도록 요구하는 경우도 있다. 그러다보면 과제를 서너 번씩 평가하고 성적을 다시 내게 되어 계획한 일정이 모두 어그러지는 일이 발생한다. 심지어 어떤 때는 단원이 다

끝나고도 몇 주가 지난 뒤에야 모든 평가가 마무리되는 경우도 있다. 그렇게 하면 학생들은 마감일이 아무 의미가 없다는 것을 배우게 되어 나쁜 공부습관이 몸에 밸 수 있다. 과제를 대충 해서 내고는, 다시 하고, 또 하고 하는 식으로 반복할 수도 있다. 형성적 피드백을 더 많이 주고 과제를 하는 과정에서 필요한 안내와 지원을 적절히 해주면, 학생들은 실제 마감일에 맞추어 성공적으로 학습을 마무리할 수 있게 된다.


## 조금씩, 해낼 수 있는 만큼만 압박하라

존 해티(John Hattie)와 그레고리 예이츠(Gregory Yates)에 따르면, 학생들은 "아는 게 많지 않다는 생각, 즉 지식격차(knowledge gaps)에 대한 자기인식 때문에 학습동기를 갖게 되지만, 그 격차가 너무 크게 벌어지면 오히려 배움에서 멀어진다"(2014, p. 6). 따라서 피드백을 줄 때는 다음 단계에서 해볼 만한, 실행 가능한 방법을 제공하는 데 집중해야 한다. 너무 많은 피드백을 주거나 너무 어려운 과제를 주면 아이들은 압도되어 포기해버릴 수도 있다. 따라서 읽기시간에 이야기를 나누면서 아이들이 시도해볼 만한 전략을 몇 가지 찾았다면, 그중에서 이번에 집중할 전략 하나만 선택해서 알려주고 나머지는 메모해서 기억해뒀다가 다음번에 더 알려주는 편이 좋다. 학생들이 쓴 글의 초안을 검토할 때도 아이들이 글을 고치는 데 도움이 될 만한 전략 중 몇 가지만 골라 알려주는 편이 좋다. 개별연구 프로젝트가 진행되는 과정에서 아이들에게 알려주고 싶은 아이디어가 많이 발견되더라도, 한 번에 한두 가지에만 집중하는 편이 아이들이 추진력을 잃지 않고 나아가게 하는 데 도움이 될 것이다.

　어느 중학교 밴드리허설에서 담당교사가 굉장히 구체적이면서도 학생들이 받아들일 수 있을 만큼의 피드백을 제공하는 모습을 본 적이 있다. 그 교사는 어느 부분이 나아졌는지 확인해주고, 더 나아질 수 있는 방법에 대해 아이들이 직접 생각해볼 수 있는 기회까지 주고 있었다. "그래! 이 속도면 딱 맞아요. 이 부분은 완전 제대로 해냈어요! 자, 이제 악보 33번 줄을 봅시다. 이 부분이 여전히 소리가 약해요. 좀 더 힘 있게 소리를 내려면 어떻게 해야 할까요?" 리허설의 흐름을 압도하거나 방해하지 않는, 간결하면서도 굉장히 효과적인 피드백이었다. 이런 방식의 건설적인 비평이 아이들에게 얼마나 긍정적으로 작용할지 생각해보라. 취약한 부분에 대해 솔직하게 지적함으로써 이 선생님은 학생들의 열의를 북돋웠다. 나를 가르치는 사람이 내가 더 나아지는 데 사용할 수 있는 건설적인 피드백을 준다는 건 기분 좋은 일이다.


## 총괄적 피드백에서는 긍정적인 면에 초점을 맞춰라

중학교 때, 과제를 잘해내지 못하는 학생들을 낙담하게 만드는 걸 즐기는 것처럼 보이는 선생님이 있었다. 빨간색 펜으로 신랄한 평가를 써주던 그 선생님은 성적을 이용해 학생들에게 모욕감을 주곤 했다. 나는 그 선생님으로부터 마이너스가 다섯 개나 붙은 D를 받은 적도 있는데, F+를 받은 친구보다 약간 낫다고 생각하기는 했지만 그리 유쾌하지는 않았다. 학생들이 공부에 완전히 흥미를 잃게 하는 데 그보다 더 나은 방법도 없을 것이다. 부정적인 피드백을 지속적으로 주면 아이들의 학습동기가 꺾이고, 아이들은 배움의 문을 완전히 닫아버린다. 불행하게도, 과제가 끝난 후 감당할 수 없는 부정적인 피드백을 가장 많이 받는 아이들은, 긍정적이고 힘을 주는 피드백이 가장 절실하게 필요한, 즉 인내심과 자존감이 가장 낮은 아이들이다. 건설적인 피드백은 반드시 과제가 진행되는 동안 제공되어야 한다는 것을 명심하자. 일단 과제가 끝나면, 장점을 격려하는 일에 집중해서 아이들이 다음 과제를 해낼 열정과 긍정의 에너지를 기를 수 있도록 해줘야 한다.

## 더 많은 자기성찰을 독려하라

가장 중요한 피드백은 회유와 강요에 따라 교사가 원하는 바를 하게 할 때가 아니라 아이들이 각자 자신의 학습을 해나갈 수 있도록 안내하고 지지할 때 일어난다. 9장에서 살펴봤듯이, 자기성찰을 하도록 장려하면 학습에 대한 주인의식을 높일 수 있다. 이제 이것을 성장관점을 장려하는 것과 관련해 배운 내용에 연결해보도록 하자. 〈표 12.4〉에 제시된 표현은 모두 지능이나 재능보다 성장을 강조하고 있다. 또 아이들이 얼마든지 자유롭게 답할 수 있도록 결말을 열어두었다. 아이들을 판단하거나 비교하는 것이 아니라, 스스로 생각하고 배우는 것과 관련된 질문이라는 점도 눈여겨보자.

표 12.4    자기성찰을 독려하는 방법

| 과제 전 | 과제 중 | 과제 후 |
|---|---|---|
| • "이번 글쓰기 과제의 목표가 무엇인지 포스트잇에 적어두자. 이따 일대일 면담에서 물어볼게."<br><br>• "다음 수학과제를 시작하기 전에, 어제 수업에 대해 먼저 생각해보자. 어제 과제를 해결하면서 잘 통했던 전략이 있다면, 그게 오늘 학습에 어떤 도움이 될까?"<br><br>• "몸을 돌려 짝과 함께 이야기해보자. 지금 책을 읽으면서 어떤 읽기전략을 사용하고 있지?" | • "하던 일을 잠깐 멈추고. 몸을 돌려 짝과 함께 이야기해보자. 지금 과학 과제를 하는 데 어떤 방법이 가장 효과적일까? 더 나은 방법이 있다면 무엇일까?"<br><br>• "이제 연구프로젝트를 점검할 시간이야. 잠시 시간을 내서 지금까지 한 것을 살펴보면 좋겠다. 선생님의 도움이나 안내를 받고 싶은 부분이 어디인지 알려주면, 그것부터 같이 보도록 할게." | • "가장 최근에 완성한 작품에 대해 생각해보자. 예술적 측면에서 점점 나아지고 있는 부분이 있다면 무엇일까?"<br><br>• "수학 진단평가에 대해 생각해보자. 스스로 생각하기에 잘 푼 문제 세 개를 찾아 동그라미 하고, 그중 하나에 대해서 그렇게 생각하는 이유를 간단하게 써보자."<br><br>• "어젯밤 연주회에서 특별히 잘한 부분이 있었다면 무엇인지 얘기해보자." |

## 결론

교사로서의 정체성을 형성해가던 첫 몇 년간, 나는 코네티컷 주 이스트라임에 있는 플랜더스초등학교에서 근무했다. 이 학교의 교장 체리 맥러플린은 여러 면에서 훌륭한 리더였다. 교사들이 무언가를 시도해보고 실수를 할 때 격려를 아끼지 않았고, 교사, 학부모, 학생들과 리더십을 공유했으며, 즐겁고 활기찬 사람이었다. 초임교사였던 내게 가장 깊은 인상을 남긴 것은 교장실 문에 붙은 명패였는데 아직까지도 선명하게 기억한다.

명패엔 "교장"이나 "맥러플린 박사"가 아니라 "대표학습자(Chief Learner)"라는 말이 적혀 있었다. 그 메시지는 단순하지만 강력했다. 학교는 학습기관이고, 교장은 대표학습자다. 교사 역시 스스로를 대표학습자로 여기면 어떨까? 학교를 어린 실습생들이 배움의 기술을 배우러 오는 워크숍이라고 생각하면 어떨까? 노련한 학습자로서 교사는 모든 학생이 능숙한 학습자가 될 수 있도록 필요한 기술과 사고방식을 전수하는 사람이어야 하지 않을까?

"개들은
구제불능
이에요!"

교사들끼리
하는
말

13

이 책의 대부분은 교사가 학생들에게 쓰는 말에 관해 얘기하고 있지만, 교사들끼리 쓰는 말도 고려해야 한다. 학교에서 일하면서 다른 교사들과 언어습관에 관해 이야기를 나눌 때, 이 부분이 아주 분명하게 다가왔다. 교사들과 함께 언어습관과 패턴을 깊이 들여다보기 시작하면, 몇 가지 예측 가능한 질문과 딜레마가 등장하곤 한다.

- "교장이나 교감과 같은 학교관리자가 교직원에게 사용하는 언어를 교정하는 작업도 하실 건가요? 교사가 그들로부터 빈정거리는 말투를 계속 듣는데 학생들에게 빈정거리는 말투를 사용하지 않기란 정말 힘들어요."
- "같은 교실에서 함께 일하는 동료교사가 저와 제 학생들을 존중하지 않는 경우가 있어요. 이럴 땐 어떡하나요?"
- "동학년 교사들이 서로 직접적으로 말하는 걸 어려워해요. 뭔가를 시도하거나 논의할 때 늘 살얼음판을 걷는 기분이죠."

학생들을 향해 늘 좋은 의도를 품고 있듯, 교사는 동료에게도 늘 최선의 의도를 품고 있다는 것부터 기억하자. 우리 모두 긍정적이고 서로 지지하며 활기찬 교원공동체를 만들고 싶어 한다. 그러한 교원공동체가 만들어진다면 학교는 교사에게는 물론이고 학생들의 발전을 위해서도 더 좋은 공간이 될 것이다. 학생들에게 말할 때 가끔은 의도와 다르게 말하는 날이 있듯이, 교사들 사이에도 똑같은 일이 벌어지기 마련이다. 교사는 아이들을 대하는 데 능숙한 사람이어서 이 직업을 택했다. 그러다 보니 성인과 함께 일할 때는 아무래도 좀 어려운 부분이 있는 것이 사실이다.

교사들 사이에 사용되는 말이 중요한 데는 몇 가지 이유가 있다. 우선, 교사가 무엇을 실천하느냐는 곧 교사의 정체성을 드러낸다. 그러므로 항상 존중과 친절, 관대함과 공감을 표현하는 말을 사용해야 한다. 교사들이 서로 대화를 나눌 때 학교와 학생에 관해 말하는 방식은 교사로서의 신념과 행동을 만들고 다듬고 강화시킨다. 교무실에서 교사들끼리 사용하는 언어가 중요한 이유가 여기에 있다. 또 교사들은 대화를 나눌 때 학생이 가까이 있지 않더라도 학생, 학부모 또는 동네사람 누군가가 근처에 있을지도 모른다고 생각하고 주의를 기울여야 한다. 교육전문가로서 항상 교육자다운 태도로 말하고, 내가 하는 말이 누군가의 귀에 들어갈 수도, 누군가에 의해 반복될 수도 있다는 점을 의식해야 한다. 교사에게는 학교의 전문성과 도덕성을 유지해야 할 책임이 있다.

이러한 사실을 염두에 두고, 서로를 존중하고 활기찬 학교공동체를 만드는 데 도움이 되는 언어습관을 몇 가지 알아보도록 하자. 학교를 이끌어가는 지위에 있는 사람들, 즉 교장, 교감 등의 관리자, 커리큘럼 코디네이터, 수업코치, 교과부장 등이 다른 교원들을 감독하고 평가할 때 고려해야 하는 언어패턴을 먼저 다루어보기로 한다. 그런 다음, 동료교사와 일상적으로 주고받는 말에 대해 살펴보고자 한다.

## 리더는 교직원과 함께 활기찬 배움을 이끌어가는 존재

이 책에서 지금까지 제시된 바람직한 화법은 교장이 교직원과 일할 때도 똑같이 적용된다. 학교나 학구에서 리더의 위치에 있는 사람은 학생들뿐 아니라 성인들과 함께 활기찬 학습여정을 이끌어가는 사람이다. 리더가 교직원들과 대화할 때 지지하고 긍정하는 언어를 사용하면 두 가지 중요한 목표를 달성하는 데 도움이 된다. 먼저, 교직원이 발전할 수 있는 환경을 만드는 데 일조한다. 교사들 간에 경쟁보다는 협력을 권장하고, 성장 관점을 시범보이며, 성인으로서 긍정적인 정체성을 지지하고, 내적동기를 강화시키며, 즐거운 학습공동체를 조성할 수 있다. 둘째, 리더가 몸소 모범적인 언어를 사용해 시범을 보이면 교사 역시 학생들과 대화할 때 모범적인 언어를 사용하게 된다. 교직원회의, 교사학습공동체, 학년별 교사모임, 그리고 일대일 대화에 이르기까지 모든 대화상황에서 교직원에게 긍정적이고 지지하는 언어를 사용하라. 그러면 그러한 언어습관의 효과를 교사들이 직접 느낄 수 있을 뿐 아니라, 학생들에게 어떤 언어를 사용해야 할지 예시를 제공할 수 있게 된다.

〈표 13.1〉은 활기차고 새로운 시도가 가능한 교사학습공동체를 만들 수 있도록 하는 전략을 예시로 보여준다. 이러한 목표와 전략은 단지 몇 개의 예에 불과하므로 각자 자신만의 목표와 전략을 세워보기를 권장한다. 왼쪽 칸에는 목표를, 오른쪽 칸에는 목표를 지원하는 전략을 써넣어 차트로 만들어보라.

수년 간 셀 수 없을 만큼 많은 학교를 다녀보면서 학교관리자 역시 교사들이 겪는 것과 같은 종류의 어려움을 공통적으로 겪는다는 사실을

표 13.1  활기찬 교사공동체를 만들기 위한 전략

| 목표 | 전략 |
|---|---|
| 존중하고 협업하는 분위기 조성하기 | • 판단하고 비교하는 언어 줄이기<br>• 숨은 의도를 가지고 일부러 칭찬하지 않기 |
| 긍정적 교사자아상 권장하기 | • 상대방이 원하는 이름을 불러주고 정확하게 발음하기<br>• 암묵적인 편견을 주의하기<br>• 교사가 스스로에 대한 기대감을 높일 수 있도록 격려하기 |
| 주인의식과 내적동기 강화하기 | • 학교가 어려운 상황에 처했을 때 긍정적으로 말하기<br>• 교직원회의나 연수 때 교사 간 대화 권장하기<br>• 학교 차원의 목표를 논의할 때 순응을 요구하기보다는 의미와 목적을 강조하기 |

알게 됐다. 교사가 자신의 언어사용을 점검하기 시작할 때, 교사를 향한 관리자의 언어에도 몹시 민감해질 수 있다. 이로 인해 관리자 역시 교사 공동체를 지지하는 풍토를 만들고, 교육자로서 성장하고 배우는 모습을 몸소 보여주기 위해 자신의 언어습관을 되돌아보고 개선하는 계기를 만나게 된다. 언어습관을 바꾸기 위해 어떤 목표를 세워 실천하는 중인지를 알리고, 교사들의 이해와 지지를 구하는 관리자도 있다.

지금 이 대목을 읽고 있는 여러분은 학교관리자가 언어습관을 바꾸려고 노력할 때 관대한 마음으로 이해해주면 좋겠다. "나는 내 언어를 바꾸려고 노력하는데 관리자는 여전히 비아냥거리는 말투를 사용한다."라고 말하기 쉽다. 하지만 성장하고 배우는 데는 시간이 걸린다는 사실을 기억하고, 관리자가 학습곡선의 가파른 부분을 지날 수 있도록 기다려주어야 한다. 그들에게도 엄청난 연습이 필요하다. 시행착오도 많이 겪을 것이다. 그리고 여러분이 그러하듯, 이들도 한 번에 하나 이상의 목표를 세워선 안 된다. 관리자의 위치에 있든 아니든, 학교구성원 모두가 학습자로서 안전을 보장받고, 가치 있게 여겨지며, 발전할 수 있는 학교공동체를 만들기 위해 우리 모두가 마음에 새겨야 할 언어습관과 패턴을 생각해보자.

## 학생과 가정환경에 대해 판단하지 말라

당연히 교사는 학생과 그 가족을 존중하는 모습을 보여주고 싶어 한다. 그런데 마음이 편안하거나 일이 잘 되고 있을 때는 그럴 수 있지만, 마음이 불편하고 뭔가 교사로서의 역할을 제대로 하지 못하고 있다는 생각이 들 때는 쉽지 않다. 수업이 뜻대로 진행되지 않고 학생들이 날뛰어서 힘든 하루였다면, 학습에 어려움을 겪는 아이들에게 공감을 표하기가 더욱 어렵다. 교사는 12월 초 겨울방학을 앞두고 에너지가 소진될 무렵이면 교무실에서 자기도 모르게 짜증내고 투덜대기가 쉽다. 우선순위나 가치관이 교사 자신과는 사뭇 달라 보이는 가정환경의 아이가 눈에 띄면 부정적인 판단을 성급하게 내리게 되고, 이러한 판단은 쉽게 험담으로 이어진다. 여기서 두 가지 중요한 생각을 마음에 새기자. 비록 방어기제가 작동해 실제로는 그 반대인 것처럼 보이는 아이들이 있긴 하지만, 모든 아이들은 성공하기를 원한다. 마찬가지로, 모든 부모와 가족은 아이들을 위해 최선을 다하고 싶어 한다. 비록 겉으로는 그 반대로 보이는 행동을 할지 모르지만 말이다. 예를 들어 학교에 입고 다니기에 적절한 옷을 살

여유도 없고, 급식비를 낼 형편도, 현장학습 경비를 낼 형편도 안 되는 아이가 항상 최신형 스마트폰을 들고 다니고, 집에 새 게임기를 들였다고 자랑하는 경우가 있다. 이때 교사는 그 학생의 부모가 자녀의 학교생활에는 전혀 신경 쓰지 않는다고 성급하게 판단하기 쉽다. 하지만 실제로는 그저 가치관이 다를 뿐일 수도 있다.

긍정적인 판단이라고 해서 문제가 없는 건 아니다. 내가 정말 싫어하는 표현 중에 "오, 저 애들은 정말이지 니무 착해요."라는 말이 있다. 호감과 친절함을 드러내는 말이지만, 그 이면에는 숨겨진 메시지가 들어 있다. 다른 학생들은 착하지 않다는 건가? 어떤 아이들을 '못됐다'고 묘사하길 바라지는 않지만, '착하다'라는 건 결국 상대적인 것 아닌가? '착한' 아이들이 잘못을 저지르면 그 평판에 기대어 면죄부를 받는 경우를 우리는 많이 봐왔다. 가령 학교의 자랑인 축구부 학생들이 경기가 끝나면 숲 속에 모여 술을 마신다는 소문을 듣고도 교사들이 모른 척 하는 경우가

표 13.2  편견을 강화하는 말 쓰지 않기

> 저 아이의 부모는 학교 일에 전혀 신경 쓰지 않아요. 등교도 제시간에 시키질 않는다고요!

> 저 아이의 부모님이 요즘 정말 힘든 모양이에요. 아이를 제시간에 등교시키기 힘든 걸 보면 밀이에요.

> 수영팀 코치시군요. 수영팀 애들은 정말 착하죠.

> 수영팀 코치시군요. 그중 제 수업을 듣는 몇몇 애들은 책임감도 있고 친절해요.

그 예다. "어쨌든 저 애들은 성적도 좋고 가정환경도 좋아. 착한 애들이야."라면서 말이다. 〈표 13.2〉는 학생이나 그 가정환경에 대해 판단하는 말을 하지 않도록 하는 방법을 몇 가지 제시하고 있다.


## 꼬리표를 붙이지 말라

학생을 부를 때 꼬리표를 붙이지 않아야 하는 것처럼 동료교사와 이야기를 나눌 때도 학생에게 꼬리표를 붙여 언급해서는 안 된다. 꼬리표 붙이기는 학교에서 너무 흔한 일이어서 교사들이 인식조차 하지 못할 때가 있다. 직업훈련을 받으러 다니는 아이들을 '훈련생 애들'이라고 부르고, 특수교육 대상 학생들을 '특수반 애들'이라고 부르고, 영어가 모국어가 아니어서 따로 수업을 받는 아이들을 '영어도움반 애들'이라고 부른다. IQ가 높은 아이들은 '영재들'이라고 불리기도 한다. 내 아이들이 다니는 고등학교에는 배링턴(Barrington)이라는, 근처 다른 동네에서 통학하는 아이들이 몇 있다. 학군이 다르기 때문에 그 동네에서 이 학교를 다니려면 등록금을 따로 지불해야 하는데, 학생, 교사, 관리자 모두 그 학생들을 가리켜 '배링턴 애들(the Barrington kids)'이라고 부른다. 의도한 바는 아니겠지만, 계급적 함의가 드러나는 표현이다. 표준화시험에서 간발의 차이로 시험을 통과하지 못한 아이들을 '아까운 애들'이라고 지칭하는 걸 들은 적도 있다.

이런 식의 꼬리표는 좁은 틀 안에 학생을 가두어 마치 영어를 따로 배우고, IQ가 높고, 다른 동네에 산다는 것이 그 아이들을 규정하는 유일한 특성이라는 듯 학생의 정체성을 한 가지로만 규정해 보여주려고 한다. 하지만 학생들은 다양한 특성을 가지고 있고, 여러 가지 강점, 어려움, 특징을 지닌 존재다. 꼬리표는 하나의 특성만으로 학생들을 분류하게 함으로써 학생을 바라보는 우리의 시각을 좁혀버릴 위험이 있다.

　물론, 비슷한 특성을 공유하고 있는 아이들에 대해서 이야기를 나누어야 하는 때가 없진 않다. 또 대화의 맥락상 중요해서 한 아이의 어떤 특

**표 13.3　꼬리표를 붙여 학생을 규정짓지 않기**

| ☹ | ☺ |
|---|---|
| 노숙가정 아이들을 어떻게 지원할지 의논하기 위해 모였습니다. | 우리 학생들 중에 집 문제로 곤란을 겪는 아이들을 어떻게 지원할지 의논하기 위해 모였습니다. |
| 우리 학교의 자랑, 밴드부는 단체 사진을 찍으러 강당으로 모여주세요. | 밴드부는 단체사진을 찍으러 강당으로 모여주세요. |
| 지미는 다운(다운증후군 아이를 일컫는 일종의 은어-옮긴이)이에요. | 지미는 다운증후군 진단을 받았어요. |
| 2교시 수업에 ADHD 애들이 셋이나 있어요. | 2교시 수업에서 만나는 학생들 중에 ADHD 진단을 받은 학생이 세 명 있어요. |

성을 지목해서 이야기해야 할 때도 있다. 그런 경우에는 가급적 가치중립적인 단어를 사용하려고 노력해야 한다. 〈표 13.3〉에 나오는 예를 보도록 하자.

마지막으로, 아이들에 대해 이야기할 때 교사들끼리 사용하는 애칭에 대해서도 다시 한번 생각해볼 필요가 있다. 1학년 교사들은 동학년 교사들과 함께 수업에 관해 의논할 때 1학년 아이들을 '병아리들'이라고 부르는 경우가 많다. 학생들에 관해 논의할 때 학생들을 가리켜 '꼬맹이들'이라고 부르기도 한다. 3장에서 살펴보았듯 학생들을 지칭할 때 폄하하는 듯한 단어를 쓰고 있지는 않은지 잘 살펴야 한다. 주변에 학생이 없을 때 교사들끼리 이야기하는 경우에도 이런 종류의 언어를 가급적 사용하지 않도록 주의를 기울이자면 고도의 정신적 훈련이 필요하다.

### 학생들에 대해 교육자답게 말하라

어느 날 동료교사 한 명이 회의에 참석하는 동안 임시교사가 그 반에 들어가 수업을 하고 있었다. 나는 우연히 그 옆을 지나다 상황을 보게 됐는데 그야말로 어처구니가 없었다. 평소 질서정연하던 3학년 아이들이 교실을 완전히 난장판으로 만들어놓고 있었다. 아이들은 의자를 뛰어넘고 교실을 뛰어다니며 시끄럽게 소리를 질러댔다. 아이들은 임시교사 앞에서 규칙과 루틴을 완전히 무시하고 있었다. 교실은 아수라장이었다. 교실에 들어가 소란이 가라앉도록 도우면서 나는 머리끝까지 화가 났다. 나중에 동료교사에게 그 상황을 모두 전달하며 이렇게 말했다. "당신 반 아이들이 하나같이 바보 멍청이 짓을 하더라니까요!" 내 말을 들은 동료교사는 화가 잔뜩 나서 교실로 돌아가 아이들에게 그대로 퍼부었다. 내가 "당신 반 아이들이 하나같이 바보 멍청이 짓을 하더라니까요!"라고 했다는 말까지 말이다. 며칠 후 격분한 학부모가 교장에게 전화를 했고, 우리 둘은 교실에서 공개사과를 했다(고백하자면 사실 나는 '바보 멍청이'라는 말보다 더 심한 말을 했는데 다행히 내 동료는 그 말을 완곡하게 바꿔 전달했다). 어찌됐든 학생들에게 모욕적인 표현을 사용한 것은 잘못한 일이었다. 그런 말은 상황을 악화시킬 뿐이었다. 내가 아이들에게 뭐라고 퍼부었는지 알려지는 건 시간문제였다. 다른 교직원이 지나가다 듣고 부모에게 전달할 수도 있고, 부모가 지나가다 들을 수도 있으니 말이다. 학교에 있는 한, 교사는 다른 사람들이 듣고 따라 해도 부끄럽거나 불편하지 않을 언어를 사용해야 한다.

다음 장에서 좀 더 깊이 있게 다루겠지만, 교사가 무엇을 시연(rehearse)하느냐가 곧 교사를 규정한다. 동료와 함께 학생들에 관해 말할 때, 교사는 말하기 연습 중이라는 사실을 늘 유념해야 한다. 교사로서 여러분의 말 속에 아이들이 어떻게 표현되고 있는지, 그 모습이 여러분이 바라는 아이들의 모습이 맞는지 점검해보라.

## 전쟁용어를 사용하지 말라

실제로는 그다지 원치 않는 말인데도 의도치 않게 그런 말을 시연하고 사용하는 경우가 또 있다. 학교에 대해서 이야기할 때 자신도 모르게 전쟁이 연상되는 단어를 사용할 때가 있다는 걸 눈치챈 적이 있는가? 교사로서의 일상에 대해 말하면서 "고군분투 중"이라거나 "최전선에 있다"라고 표현한다면, 교사가 평소 학교에 대해 생각하고 느끼는 바에 대해 어떤 암시를 주게 될까? 쉬는시간이 끝나고 아이들을 불러들여야 할 때 "집합!"이라고 외치거나, 전화기를 붙들고 학부모와 어려운 대화를 나눠야 할 때 "총알을 입에 잔뜩 물어야 한다(bite the bullet, 하기 싫지만 해야만 하는 일에 대해 말할 때 쓰는 영어표현-옮긴이)."라고 말하는 경우도 흔하다. 급식실 모니터링 인력이 모자랄 때 "지원군이 더 필요하다."라고 표현하는 교사를 본 적도 있다.

솔직하게 말하면 어떤 날은 정말 힘들다. 폭력집단이 있어서 어스름한 무렵 주차장을 가로질러 걷는 것조차도 불안한 동네에 있는 학교라면 실제로 전쟁터와 다름없이 느껴질 수도 있다. 하지만 교사가 그런 표현을 쓰면 무엇을 강화하게 되는지 잘 살펴봐야 한다. 교사가 끊임없이 학교를 전쟁터로, 학생들을 아군 또는 적군으로 묘사한다면 어떻게 안전하고 즐거운 학교를 만들 수 있겠는가?

## 차이와 갈등을 다루는 법

갈등 없이 한 해를 보내는 학급을 기대할 수 없는 것처럼 교사 집단에도 갈등이 있기 마련이다. 교직원회의에서 어떤 의견을 제시했는데, 동료교사가 전혀 지지하지 않고 오히려 공격하다시피 해서 그 의견이 받아들여지지 않는 경우도 있다. 학년별 또는 교과별 교사회의에서 공동의 평가기

준에 대해 합의하지 못하는 때도 있고, 전문성개발워크숍에서 자기주장이 강한 교사들이 서로 부딪히는 때도 있다. 다른 사람과 일을 하다보면 이외에도 수많은 일을 겪게 돼 있다. 이러한 어려움을 어떻게 해결해 나가느냐에 따라 교사들의 학습공동체가 발전할 수도 깨질 수도 있다.

동료교사의 말이나 행동 때문에 기분이 상했다면 제일 먼저 할 일은 정식으로 문제제기할 것인지의 여부를 결정하는 일이다. 심호흡 한번 하고 넘어갈 수 있는 문제라면 그냥 흘려보내면 된다. 학생들에게 써야 할 에너지를 불필요하게 쓰게 되는 상황을 만들지는 말자.

하지만 정식으로 문제제기가 필요한 사안들이 있다. 감정이 많이 상해서 도저히 그냥 넘어갈 수 없는 경우나, 지금 문제를 해결하지 않으면 다음에 또 같은 일이 반복될 것이 걱정되는 경우가 그런 예다. 동료와의 갈등해결에 도움이 될 만한 몇 가지 방법을 소개한다.

- **먼저, 냉정을 유지하라.** 동료와 갈등을 해결하기 전에 감정을 가라앉힐 수 있도록 시간을 가져라. 지나치게 속상하거나 화가 나는 순간에 바로 따지고 들기 시작하면 나중에 후회할 행동이나 말을 하게 된다. 또 갈등을 해소하는 게 아니라 갈등이 더욱 증폭되는 대화를 하게 될 수도 있다.

- **돌려 말하지 말고 직설적으로 말하라.** 화가 났다는 사실을 사람들이 알아야 할 필요가 있다면 직접 분명하게 말하는 것이 가장 좋다. 뒤에서 그 사람에 대해 험담해서는 안 된다. 은근슬쩍 암

시를 주거나 소극적으로 복수하려고 해서도 안 된다. (이 '소극적 공격'이 흔하고 그 결과가 파괴적이라는 이야기를 교사들로부터 많이 들었다.) 마음을 가라앉힌 다음, 동료에게 대화가 필요하다는 사실을 알려라. "어제 오픈하우스(open house, 학부모들을 학교로 초대해 학교나 학급과 관련된 이야기를 자유롭게 나누는 자리를 말한다-옮긴이) 때 벌어진 일 때문에 기분이 상했어요. 선생님이 아서야 할 일이라고 생각해요."

• **'나 전달법'을 사용하라.** 1인칭시점으로 말하면 당신이 화가 났다는 사실을 상대방이 좀 더 공감해서 듣고 이해할 수 있게 된다. 2인칭시점을 사용해 "당신이 나를 화나게 했어요."라고 말하면 상대방은 방어적인 태도를 취할 수 있다. 그러면 생산적인 대화가 되기 어렵다. 예를 들어, "당신은 어제 나를 굉장히 화나게 하는 말을 했어요."라는 말 대신에 "어제 당신이 한 말 때문에 저는 굉장히 화가 났어요."라고 말하는 편이 좋다.

• **상대방의 의도를 가장 좋은 쪽으로 생각해보라.** 다른 사람이 나를 화나게 했을 때 우리는 상대방이 생각 없이 말한다고, 또는 의도적으로 나를 무시한다고 쉽게 생각하지만, 반대로 우리가 실수를 저질렀을 때는 다른 사람들이 나를 좀 이해해주었으면 하고 바라는 경향이 있다. 예를 들면 나는 이런 적이 있다. 로스엔젤레스에서 다른 운전자가 내 앞으로 끼어들었을 때 나는 "저런 멍청

한 자식이 있나!" 하고 혼잣말을 내뱉었다. 그런데 5분도 채 지나지 않아서 내가 다른 차 앞으로 끼어드는 상황이 됐다. 교차로에서 신호등이 바뀌기 전에 얼른 가려다 보니 그런 거였다. 그러면서 나는 "미안하지만 내가 이 동네 사람이 아니어서 잘 몰라서 그래." 하고 혼잣말을 했다. 이처럼 다른 사람이 나를 화나게 하거나 공격적으로 나올 때, 혹시 그날 상대방이 유독 힘들고 피곤하고 걱정스런 날을 보내고 있어서 그런 건 아닐까 생각해보자. 이를 염두에 두고서 다음과 같은 말로 어려운 대화를 시작해보자. "며칠 전에 있었던 교사학습공동체 모임에서 당신이 어떤 의도가 있어서 제 감정을 상하게 한 건 아니라고 생각해요. 하지만 제가 화났던 이유를 얘기해주고 싶어요."

이렇게 하기가 쉽지는 않다는 것 또한 알고 있어야 한다. 학생이 친구와 싸웠을 때 해결해달라고 도움을 요청해오면 우리는 "친구에게 직접 이야기해봤나요?"라고 쉽게 말한다. 하지만 정작 우리가 동료와 갈등을 해결해야 하는 순간이 오면 그게 결코 쉽지 않다는 것을 알게 된다. 물론, 분명 시도해볼 만한 가치가 있는 일이다. 건전한 논쟁이 가능해질 때, 즉 불만이 있을 때에도 프로답게, 좋은 마음으로 허심탄회하게 말할 수 있을 때, 그리고 교사들이 서로의 갈등을 잘 해결하는 방법을 찾아나갈 때, 학교공동체는 비로소 한 발 더 나아가기 시작할 것이다.

## 동료교사가 전문가답지 않게 행동한다면

언어습관을 바꾸는 작업을 시작할 때, 같은 교실에서 일하는 동료교사들 사이에 일어날 수 있는 특정한 갈등상황이 있다. 한 교실에 한 명 이상의 교사가 있을 때, 교사들은 각자 다른 언어습관과 언어패턴을 갖고 있게 마련이다. 당연한 일이고 그 자체가 잘못은 아니다. 올바른 언어습관을 일관성 있게 추구하더라도, 그 일관성을 무리하게 적용해 각자가 가진 고유한 특성을 모두 없애는 방향으로 가서는 안 된다. 선생님마다 성향이 다르다는 것, 즉 누구는 엄격하고, 누구는 웃기고, 누구는 에너지가 넘치고, 또 누구는 느긋하다는 것을 배우게 되는 건 학생들에게도 좋은 일이다.

하지만 전문가로서 교사가 쓰기에 적합하지 않은 언어표현이 분명히 있다. 학생들에게 이런 언어표현을 사용하는 습관을 갖고 있는 동료교사가 눈에 띈다면 이 문제는 반드시 짚어야 한다.

내가 담임교사이던 때에 겪은 일을 소개하자면 이렇다. 교실에서 상당한 도움이 필요한 학생을 지원하는 보조교사와 함께 일한 적이 있다. 여러 가지 측면에서 우리 학급에 꼭 필요한 사람이었다. 얽매이지 않는 자유로운 분위기, 그리고 친절하고 관대한 성격의 소유자였다. 유머감각이 탁월해 아이들이 좋아했고, 도움이 필요한 학생이 있으면 즉시 도움을 주었다. 그런데 그 다음이 문제였다. 이 선생님은 때때로 교실에서 사용하기에 부적절한 표현을 아무 거리낌 없이 사용하곤 했다. 어느 날 아침 두 명의 남학생과 이 보조교사가 대화를 나누고 있었다. 나는 그 장면을 잊을 수가 없다. 그날은 그 선생님의 생일이었는데, 그 사실을 알게 된 두 아이가 이렇게 말했다. "선생님, 생신 축하드려요! 생일선물로는 뭘 받고 싶으세요?" 아이들의 물음에 그 선생님은 이렇게 말했다. "달달한 초콜릿을 온몸에 바른 조니 뎁(Johnny Debb, 미국의 유명한 영화배우다-옮긴이)!" 5학년 학생들에게 하기엔 몹시 부적절한 대답이었다.

앞서 언급한 조언을 몸소 시행하기에 딱 좋은 상황이었다. 먼저, 나는 그 순간에 대응하기보다는 잠시 생각할 시간을 가졌다. 그런 다음, 그 선생님이 그런 말을 한 의도를 최대한 긍정적으로 해석하려고 애쓰면서도 분명하고 직접적으로 말했다. "선생님, 조금 전에 코리와 페드로에게 말씀하실 때 일부러 부적절한 말을 쓰시려고 한 건 아니라는 거 알아요. 하지만 그런 식으로 조니 뎁을 언급하신 것은 적절하지 못했어요." 다행히도 그녀는 즉각 내 말에 동의했고 사과했다. 만약 달리 반응했다면 어땠을까? 방어적인 태도로 대응하면서 그 말이 무슨 큰 문제가 되느냐고 말했다면 어떻게 되었을까? 그랬다면 나는 좀 더 분명히 말했을 것이다. "선생님이 제 말에 동의하시지 않는다고 해도, 제가 듣기에는 적절하지 못했어요. 그런 말은 제가 학생들과 함께 만들어가는 교실 분위기와 맞지 않아요."

동료와 이런 대화를 나누는 게 쉽지는 않겠지만 꼭 필요한 대화다. 동료교사가 상황에 어울리지 않고 모욕적인 느낌을 주는 농담을 하거나 비꼬고 협박하는 표현을 쓴다면, 또는 학생들이 학교에서 성장하는 데 필요한 문화나 분위기에 걸맞지 않는 표현을 사용한다면, 반드시 문제를 제기해야 한다. 침묵은 곧 허용을 의미한다. 만약 그 동료교사와 얼굴을 보며 직접 말할 수 없다면, 다른 동료교사나 관리자에게 지원이나 조언을 구해야 한다. 어떤 식으로든 행동하는 게 중요하다. 학생들을 위해 친절하고 서로를 성장시키며 지지하는 학교문화를 만드는 데 우리 모두 책임이 있기 때문이다.

## 결론

이 책을 쓰고 있다는 사실을 여러 교사들에게 말했을 때, 놀랄 만큼 많은 교사들이 "학교에서 교사들이 서로 말하는 방식에 관해서도 쓰실 건가요?" 또는 이와 비슷한 류의 질문을 했다. 그럴 계획이라고 말하자 대부분의 교사들이 안도하는 모습을 보였다. 많은 교사들이 이와 관련해 개선해야 할 부분이 있다고 생각하고 있음이 분명히 드러난 것이다. 마음에 새겨야 할 한 가지 핵심은, 학생들에게 보여주어야 하는 전문성, 존중, 공감, 즐거움을 교사들 간의 상호작용에도 똑같이 적용해야 한다는 사실이다.

# 지금 당장
# 시작할 수
# 있는
# 일

14

습관과 루틴(routine)은 중요하며 매일을 살아가는 데 도움을 준다. 아마 여러분은 커피를 만들거나 아침식사를 준비할 때 날마다 같은 방식으로 하고 있을 것이다. 출근과 퇴근도 매일 똑같은 방법으로 하고 있을 것이다. 장을 볼 때도 일정한 패턴으로 매장 내 통로를 돌아다니고, 매번 같은 브랜드의 우유, 주방세제, 시리얼을 반복해서 살 것이다. 가만히 생각해보면 매일의 일상이 거의 습관적으로 이뤄지고 있다는 사실에 놀라게 될 것이다. 마치 자동조종장치에 의지해서 움직이고 있는 것처럼 보일지도 모른다.

습관적으로 일하는 건 한편으로 좋은 일이다. 어떤 일이 습관으로 자리잡아 자동화되면, 다른 일에 마음을 쏟을 여력이 생기기 때문이다(Schneider & Shiffrin, 1977). 샤워를 하면서 딸아이의 생일파티 계획을 세울 때를 생각해보라. 샤워는 습관적으로 행하는 일이어서 샤워하는 법을 따로 생각할 필요가 없다. 학교에서 쓰는 언어도 이와 다르지 않다. 학생들에게 말하기 전에 무슨 말을 어떻게 해야 할지를 다 따지고 분석해야 한다면 우리는 일을 제대로 할 수 없을 것이다. '자, 이제 아이들을 줄 세워서 밖으로 데리고 나가야 한다. 아이들에게 어떻게 말해야 하지? 질문하듯이 말할까, 아니면 명령어로 말할까? 어조는 어때야 하지?' 이 모든 것을 생각하고 분석하는 일을 마칠 때쯤이면 이미 아이들은 밖에 나가 있고 당신 혼자 덩그러니 교실 문 앞에 서 있을지도 모른다. 그러므로 언어습관과 패턴은 자동화되어 있는 편이 좋다.

또한 습관은 말 그대로 습관이기 때문에 바꾸기가 정말 어렵다. 특히 어떤 습관이 장기적으로는 전혀 장점이 없고, 심지어 바꾸는 게 가장 좋은데도 단기적으로 이득이 된다면 그 습관을 쉽게 바꾸지 못한다(Jager, 2003; Ouellette & Wood, 1998). 예를 들면 이런 것이다. 오후에 쿠키를 먹는 습관은 장기적으로는 부정적인, 즉 건강에 해로운 결과를 가져온다. 하지만 쿠키를 먹는 순간 느끼는 만족감 때문에 그 습관을 버리지 못한다. 비아냥거리는 말투를 쓰면 말하는 순간 쾌감을 느낄 수 있기 때문에, 그런 말투가 '면학 분위기 조성'이라는 장기적인 목표와 맞지 않다는 걸 알면서도 그 습관을 버리기가 어렵다. 운동하기, 식난 소설하기, 학생들에게 긍정적인 피드백 주기 등과 같은 목표가 있을 때, 이미 습관으로 굳어진 방식을 바꾸자면 의식적인 노력과 고된 훈련이 필요하다. 그리고 유감스럽게도 그것은 결코 쉬운 일이 아니다.

그러나 새로운 습관을 만드는 일이 항상 어렵고 힘들기만 한 것은 아니다. 일단 새로운 습관으로 자리 잡히면 그것을 유지하는 데는 대단한 노력이 들지 않는다. 자동조종장치처럼 기능하기 때문이다. 이번 장에서는 이 새로운 자동조종장치를 만들 수 있는 실제적인 전략들을 제시하고자 한다.

언어패턴을 바꾸기 위한 과정과 전략을 알아보기 전에 잠재적인 정서적 장벽을 먼저 해결하는 것이 중요하다. 변화의 필요성을 인정하기란 쉽지 않다. 변화가 필요하다고 인정하는 건 내가 지난 수 년 간 실수해왔음을 인정하는 것과 같기 때문이다. 실수를 인정하는 것 또한 쉬운 일이 아니다. 몇몇 다른 직업처럼 교직은 교사들 대부분에게 일종의 소명이다. 교사로서 갖는 직업의식은 우리의 정체성을 형성하는 핵심이다. 우리는 단지 '가르치는 사람'이 아니라 '교육자'다. 특히 아이들과 대화하는 방법과 같은 기본적인 부분에서 실수를 했다면, 이것은 엄청난 실패로 여겨질 수 있다. 창피함과 죄책감이 표면으로 떠오르면 우리는 재빨리 방어막을 친다. '좋은 의도로 그런 거였어.'라고 방어하고, '비꼬는 말을 사용해도 아이들은 이해할 거야. 진심이 아니라는 걸 아니까.'라고 변명한다. 또, '아이들은 내가 자기들을 존중하지 않는다고 느끼지 않을 거야.'라고 합리화한다. '난 좋은 교사니까.'라고 덧붙이면서 말이다. 우리는 교사이기 때문에, 아이들에게 해가 되는 실수를 했다고 느끼기 시작하면 교사로서의 자아가 치명상을 입게 된다. 이런 감정을 맞닥뜨리게 되면 교사는 자신의 언어습관을 바꾸고 변화시키기가 정말 어려워진다. 방어기제가 작동하면 실수를 통해 배울 수 있는 기회가 차단되기 때문이다.

뉴햄프셔 주 내슈어의 페어그라운드 초등학교 회의실 벽에 걸려있는 인용문을 떠올리면 도움이 될 것이다. "오늘 우리가 배운 것은 어제 우리가 나빴다는 것을 의미하지 않는다. 그보다는 내일 우리가 더 나아지리라는 것을 의미한다." 우리 모두 개선이 필요한 언어습관을 가지고 있다. 그렇다고 해서 자책만 하고 있으면 어느 누구에게도 도움이 되지 않는다. 공교롭게도, 이 문장을 쓰자마자 나의 언어습관 몇 가지가 떠올랐다. 며칠 전에 아들이 이렇게 말했다. "아빠, 나는 아빠가 진지하게 말할 때와 농담할 때를 구분하기 어려울 때가 있어요." 이 말은 25년 전 제나의 피드백과 정확히 일치한다. 나의 언어습관에 아직도 개선할 점이 많다는 뜻이다. 스스로에게 너무 가혹하지 않을 필요도 있다. 토머스 뉴커크(Tomas Newkirk)의 말처럼 조금 어려워도 여유를 갖고 "어려움에 직면하더라도 계속해서 밀고 나가는 능력"을 발휘해야 한다(2017, p. 188).

스스로에게 더욱 성장할 기회를 주기로 마음먹었다면, 이번 장의 나머지 부분을 살펴보라. 어떻게 해야 여러분의 언어습관에 중요한 변화를 만들어낼 수 있는지 그 경로를 분명히 알 수 있을 것이다. 먼저 여러분을 확고한 변화로 이끌어줄 3단계 과정에 대해 설명할 것이다. 그 다음으로 여러분이 원하는 변화를 만들어낼 구체적이고 실제적인 전략들을 살펴보기로 하겠다.

## 언어를 바꾸는 3단계 과정

다른 습관을 바꿀 때와 마찬가지로 언어습관을 바꾸고자 할 때는 세심한 주의, 계획, 실제적인 전략, 피드백이 필요하다.

### 1단계: 바람직한 목표를 설정하고, 유의미한 이유를 제시하라

첫 번째 단계는 두 가지 중요한 질문으로 시작한다. 내가 바꾸고자 하는 언어습관은 무엇인가? 그리고 그것을 왜 바꾸려고 하는가? 첫 번째 질문은 목표설정에 관한 것이다. 긍정적인 피드백을 주는 방법을 바꾸고 싶은가? 학급을 부르는 방법을 바꾸는 데 집중하고 싶은가? 비꼬는 말을 줄이고, 학생들을 높은 도덕적 판단을 요하는 단계로 끌어올리고자 하는가?

목표는 너무 거창하지 않고 실천 가능한 것이어야 한다. '피드백 방법을 바꾸고 싶다.'와 같은 너무 거창한 목표 대신, 도전해볼 만한 작은 목표를 생각해보라. "선생님은 여러분이 ○○하니까 참 좋네!"와 같은 피드백을 주는 횟수를 줄여보겠다는 목표라면 적당하다. 또는 "잘했어!"와 같은 일반적인 칭찬에서 벗어나 좀 더 구체적인 피드백("어려운 수학문제를 세 가지 다른 전략을 사용해서 풀었네!")을 주는 것을 목표로 정할 수도 있다. 하나의 목표만으로도 할 일이 많다는 점을 유념하자. 내 경험상 한 번에 한 가지 이상을 변화시키는 건 무척 힘들다.

위 목표를 정하고 실행에 옮기기 전에 두 번째 질문에도 답해야 한다. 왜 바꾸려고 하는가? 언어습관은 쉽게 바뀌지 않는다. 시간이 걸리기 마련이고 그 과정에서 좌절도 할 것이다. 목표로 설정한 것 중 정확히 어떤 부분이 시간과 에너지를 들일 만한 가치가 있는가? 이 질문을 마주했을 때 아주 개인적이고 확실하며 강력한 이유가 떠오르지 않는다면, 변화의 과정에서 어려움에 봉착할 때 그 일을 지속적으로 해나가기 어려울 수도 있다.

"선생님은 여러분이 ○○하니까 참 좋네!", "선생님은 여러분이 ○○할 때가 참 좋아."와 같은 말로 피드백을 주는 언어습관을 바꾸기로 마음먹었을 때, 내게는 '학생들이 좀 더 독립적이고 교사에게 덜 의존하기를 원한다'는 분명하고 확실한 이유가 있었다. 교사의 만족을 강조하는 언어를 쓸수록 아이들이 내게 더욱 더 의존한다는 사실을 깨달았기 때문이다. 언어습관을 바꿔야만 하는 아주 강력하고 개인적인 이유가 있었기 때문에 목표달성을 위해 나아가는 데 에너지를 쏟아야 할 동기는 충분했다.

그런가 하면 뚜렷한 이유 없이 목표를 설정한 적도 있다. 아내와 같은 학교에서 몇 년간 근무하던 때였다. 아내는 내 언어습관 중에서 고칠 필요가 있어 보이는 부분을 지적했다. "당신, 아이들을 부를 때 남자아이든 여자아이든 상관없이 다 '가이즈'(guys)라고 부르는 거 알아?" 미처 몰랐던 부분이었다. 아내는 이렇게 말했다. "생각해봐. 남자아이든 여자아이든 상관없이 다 '걸즈'(girls)라고 부르면 이상하지 않겠어?" 일리가 있는 말이었다. 나는 아내의 지적대로, 두 명의 남학생과 두 명의 여학생으로 이루어진 모둠이 있을 때 "가이즈(guys), 이제 정리할 시간이에요."라고 말하곤 했다. 또, 수학게임을 하는 여학생들 옆에 앉아 "가이즈(guys), 잘 되어가나요?"라고 묻곤 했다. 깨닫고 보니 다소 당황스러웠다. 왜냐하면 나는 스스로 젠더(gender) 문제에 민감한 사람이라고 여겼고, 여학생을 무시하려는 의도가 결코 없었기 때문이었다. 즉시 여학생 모둠과 남녀혼합 모둠을 부르는 방법을 바꾸기로 결심했다. 여학생 모둠을 '걸즈'(girls)로 부르기 시작했는데 어쩐지 좀 이상했다. 오히려 성별에 집중하는 것처럼 느껴졌기 때문이다. 남녀혼합 그룹은 "5학년 여러분" 또는 "모두(everyone)"라고

---

**좋은 목표의 예시**

- "여러분이 ○○하니 참 좋네." 또는 "잘했어!"라는 말보다 좀 더 구체적이면서도 판단이 배제된 피드백 주기
- 과제에 대해 이야기할 때, 그리고 아이들이 좀 더 주도권을 갖고 과제를 해주기를 바랄 때 "선생님은"이 아니라 "여러분은"을 주어로 놓고 말하기
- 토론시간에 대화를 촉진하기 위해 폐쇄형이 아니라 개방형으로 질문하기
- 학생들이 자신의 행동이 다른 학생에게 긍정적인 영향을 끼칠 수 있다는 점을 상기할 수 있도록 행동의 '이유'를 설명하는 도덕적 판단의 위계를 높이기
- 학생들의 열의를 촉진하기 위해, 배우고 노력하는 것에 대해 긍정적이고 즐거운 방식으로 말하기

불렀는데 그건 괜찮아보였다. 하지만 얼마 지나지 않아 곧 예전의 습관으로 돌아가버렸다.

당시 내가 새로운 습관을 정착시키지 못한 데는 몇 가지 이유가 있다. 우선, '가이즈'(guys)라는 표현이 생각보다 성별중립적인 표현으로 쓰인다는 느낌을 받았다. 여학생들 간에도 서로를 이렇게 부르는 것을 흔히 들을 수 있었고, 교무실에서 여자선생님이 다른 선생님들에게 "헤이, 가이즈!(Hey, guys!)" 하고 인사하는 것을 목격하기도 했다. 하지만 더 중요한 것은 바꾸겠다는 확고한 의지가 내게 없었다는 점이다. 바꿔야 하는 이유가 애초에 아내에게서 비롯되었을 뿐 아니라 아내의 의견을 내 관점에서 생각해보는 데 필요한 시간을 충분히 갖지 못했다. 그로부터 몇 년이 지난 뒤에야 성차별적 편견에 관해 좀 더 깊이 생각하게 되었고, 마침내 이 언어습관을 바꾸는 데 성공했다.

변화를 만들고 싶다면 이 변화가 왜 중요한지 스스로 충분히 설명할 수 있어야 한다. 동료가 바꾸기를 권한다고 해서 무턱대고 바꿀 수는 없다. 어떤 책의 저자가 이런 방법이 좋다고 추천했다고 해서 무작정 바꾸려고 해서도 안 된다. 학생들이 좀 더 안정감을 갖고 학습에 열중하게 하거나, 책임감 있고 사려 깊은 어른으로 성장하는 데 도움이 된다고 생각한다면, 그럴 때 바꾸어라. 여러분의 긍정적인 믿음이 학생들을 위한 최상의 목표와 더욱 일치되기를 바랄 때, 그 때 바꾸어라.

## 2단계: 구체적인 전략을 구상하라

목표를 정했고 확고한 이유가 있다면, 예전의 습관을 버리고 새로운 습관을 만드는 데 도움이 될 만한 전략을 한두 가지 선택하라. 이 때, 각기 다른 구체적인 지침을 제시하는 전략들을 찾아라. 또, 의미 있는 피드백을 주는 전략을 찾아라. 다음 몇 페이지에 걸쳐 나오게 될 여러 가지 전략들은 이 두 가지에 대한 답이 될 것이다.

전략은 부담이 크지 않고 실행할 만한 것이어야 한다. 적절하면서도 가능한 한 즐거운 전략이어야 한다. 언젠가 나는 친구이자 동료인 토머스 뉴커크와 함께 매일 운동하는 습관을 기르려면 우선 운동이 즐거워야 한다고 이야기한 적이 있다. 운동계획을 실천하려면 운동이 즐거워지는 방법을 찾아야 한다. 건강유지라는 최상의 목표와 의도를 가지고 있다 하더라도 매일의 운동이 즐겁지 않으면 꾸준히 운동하기란 쉽지 않다. 톰은 수영하기를 좋아하기 때문에 일주일에 다섯 번 수영장에 가는 것을 즐겁게 여겼다. 연습을 건너뛰고 싶은 날이 찾아와도 일단 수영장에 들어서면 즐길 수 있다는 것을 알기 때문에 기어이 수영장을 찾았다. 반면, 그는 달리기를 싫어하기 때문에 만일 그가 건강유지를 위해 달리기를 선택했다면 밖에 나가는 일조차 힘들어했을 것이다. 이번 장의 나머지 부분을 읽으며 전략들을 살펴볼 때 이처럼 실천하고 노력하는 일 자체를 즐겁게 만들어줄 전략을 생각해보는 편이 좋다.

마지막으로, 언어를 바꾸고자 할 때는 하루 중 가장 편안하게 느끼는 시간을 골라 실행하는 것이 좋다. 습관은 인지적 부담을 줄이는 데 도움이 된다. 따라서 무언가가 이미 습관으로 잡혀 있다면, 그 습관적인 행동을 하는 사이에 다른 무언가에 대해 의식적으로 노력할 수 있게 된다. 그러므로 수업의 다른 요소들이 습관에 기대어 자동적으로 굴러가는 편안한 시간대를 골라 그 시간에 언어습관 바꾸기에 집중하는 편이 좋다. 예를 들어, 글쓰기 워크숍 방식이 일정하게 정해져 있고 안정적으로 운용되는 상황이라고 가정해보자. 학생들이 개별적으로 글쓰기를 하는 동안 교사가 개별 학생과 면담을 하거나 소모둠으로 묶어 글쓰기 전략을 가르치는 등 정해진 루틴이 있는 상황이라면, 이 시간을 활용해 언어습관을 바꾸는 작업에 공을 들여볼 수 있다.

### 3단계 : 연습해서 정착시켜라

목표와 근거를 설정하고 구체적인 전략을 몇 가지 선택했다면, 이제 가장 어려운 단계가 남는다. 새로운 습관이 정착되도록 노력하는 단계이다. 이런 노력에는 오랜 시간을 들여야 한다. 이 마지막 단계에는 두 개의 구간이 있다. 첫 번째 구간은 연습, 연습, 또 연습하는 구간이다. 테니스를 칠 때 새로운 서브스킬, 수영을 할 때 새로운 뒤집기 요령, 또는 뜨개질을 할 때 새로운 뜨개질 기법을 배우려면 엄청난 연습이 필요하다. 이때 목표는 몸이 기억하도록 만드는 것이다. 즉 새로운 스킬을 충분히 연습해서 몸이 자동으로 움직이게 하는 것이 목표다.

언어차트를 만들고 그 차트를 교실 곳곳에 붙였다면 이제 그 차트를 활용해 연습하라. 새로운 언어습관으로 정착시키고 싶은 말을 녹음했다면, 녹음된 것을 듣고 또 들어라. 이번에는 동료교사를 불러 당신이 그 새로운 표현(예를 들어, "선생님은 너희들 모두가 ~해주기를 바란다." 대신 "이제 여러분은 …할 거야."라는 표현)을 수업 중에 몇 번이나 쓰는지 들어봐달라고 요청한다. 그런 다음 그 교사를 또다시 불러 얼마나 나아졌는지 봐달라고 요청한다.

언젠가 베테랑 교사 한 사람이 새로운 습관을 하나 만드는 데 걸리는 시간을 계산해준 적이 있다. 자기 나이 곱하기 1주일 만큼의 시간이 걸린다고 했다. 즉, 내가 34세라면 34주 만큼의 시간이 걸린다는 뜻이다. 너무 길다는 느낌도 들지만, 어쩌면 그 선생님은 새내기 교사였던 내가 초기에 좋은 습관을 길렀으면 하는 마음에 조금 과장했을지도 모르겠다. 하지만 오래된 습관일수록 바꾸기가 더 어려워진다는 그 주장은 옳았다. 내 경우 "여러분이 ○○하니까 참 좋네!"라는 말을 바꾸는 데 참으로 오랜 시간이 걸렸다. 새로운 언어가 자연스럽게 느껴지기까지 꼬박 1년이 걸렸고, 그 표현이 입에 붙어 자동으로 나오기까지는 그보다 더 오랜 시간이 걸렸다.

여기까지 하고 나면 3단계의 두 번째 구간을 거치게 된다. 새로운 습관을 만들기 위해서는 우선 반복이 필요하다. 그런 다음, 새로운 습관이 형성되어가는 과정이 눈에 보이는 소위 '전환기'가 온다. 이 전환기를 거쳐 '그래, 이제 됐어!' 싶은 순간이 오면 다음 과제로 넘어갈 수 있다. 하지만 여기에는 위험이 도사리고 있기 때문에 경계를 늦춰서는 안 된다. 계속해서 주의를 기울이지 않으면 쉽게 이전의 습관으로 되돌아가게 된다. 그러니 끊임없이 연습하고 확인해서 새로운 언어습관이 자리 잡을 때까지 계속 주의를 기울여라. 새로운 습관이 실제로 자동화되도록 하는 데 집중하라. 이번에는 연습에 도움이 되는 몇 가지 실제적인 전략을 살펴보도록 하자.

## 언어습관을 바꾸는 데 필요한 실제적인 전략

아래의 전략들은 나의 언어습관이나 다른 교사의 언어습관을 바꾸는 데 실제로 도움이 되었던 방법이다. 물론 이게 전부는 아니다. 이 외에도 여러분의 언어습관을 바꾸는 데 도움이 될 만한 재미있는 방법이나 각자에게 잘 맞는 방법들을 생각해보는 것이 좋다.

### T-차트를 만들어라

이 책에서 나는 언어습관을 바꾸는 데 도움이 되는 예시 표현을 표로 제시했다. 기존의 언어습관을 대체하는 표현을 보여주기 위해서였다. 체중 감량 프로그램에 참여하는 사람들이 건강에 좋지 않은 음식 대신 건강에 좋은 음식을 찾아보도록 하는 것과 비슷하다. 가령 이런 식이다. 오후에 짜고 바삭바삭한 간식을 습관처럼 즐겨 먹는다면 감자칩 대신 팝콘을 먹어라. 하루 종일 차가운 탄산음료를 홀짝이는 습관이 있다면 탄산음료 대신에 탄산수를 마셔라.

이 표는 단지 시작점일 뿐이다. 표에 제시된 표현이 여러분에게 유용할 수도 있지만 아닐 수도 있다. 왜냐하면 우리는 모두 어휘, 관용어, 속어 등에 관한 한 각자 자기만의 고유한 표현을 갖고 있기 때문이다. 그러니 여러분도 여러분만의 표를 작성해보는 게 좋다. 맨 위에 목표를 쓰고, 왼쪽에는 바꾸고 싶은 오래된 언어습관을, 오른쪽에는 그 습관을 대체할 표현을 적어넣어라. 무엇이든 처음에는 어색하게 느껴진다는 사실을 이해하고, 가능하면 자연스럽게 느껴지는 예시를 써넣어라. 이 책에 있는 표는 아이디어 차원에서 활용하고, 여러분에게 맞는 예시들은 반드시 직접 만들기를 권한다.

그런 다음 쉽게 볼 수 있는 곳에 표를 붙여라. 작은 사이즈의 표를 여러 개 만들어서 매일 자주 볼 수 있는 장소에 붙여라. 또는 수업계획서 위에 바로 복사해서 붙여도 좋다.

## 교실 곳곳에 포스터를 붙여라

새로 익히고자 하는 표현을 구체적으로 상기시키기 위해 교실에 시각자료를 설치하는 것도 좋다. 이 방법은 실제로 내가 "선생님은 여러분이 ○○하니까 참 좋네!"라는 표현을 바꾸려고 애쓰던 시기에 큰 도움이 되었다. 나는 "○○한 게 눈에 띄네!", "○○에 대해 좀 더 말해봐.", "○○에 대해 어떻게 생각하니?"라고 적힌 포스터를 만들었다. 그리고 내가 항상 무언가를 말할 필요는 없다는 사실을 상기시키기 위해 "멈춰!"라고 적힌 포스터도 만들어서 이것들을 교실 곳곳에 붙였다. 단, 아이들이 봐야 하는 다른 차트들을 가리지 않으면서 내가 어디서든 볼 수 있도록 주의를 기울였다. 하루는 어떤 아이가 "선생님, 제가 시를 한 편 지었어요."라고 말하면서 종이를 건네주었다. 순간적으로 "선생님은…" 하고 말할 뻔 했지만, 벽에 붙은 포스터를 얼른 한번 보고서는 다른 말로 시작할 수 있었다. "와, 처음 몇 줄에 두운(alliteration, 시에서 첫 음절에 특정 음소를 반복해서 사용하는 기법을 말한다-옮긴이)을 사용한 게 눈에 띄네! 시에서 생동감이 느껴져!" 아이들은 곧 포스터를 알아보고 그게 왜 거기 붙어있는지 알고 싶어했는데, 이는 다음 전략으로 나를 이끌어주었다.

## 목표를 학생들과 공유하라

언어습관을 바꾸는 데 최선을 다하고 싶다면, 가장 좋은 전략은 그 사실을 아이들에게 알리는 것이다. 일단 아이들에게 말하고 나면, 정말로 진심을 다해 노력하게 된다. 꼼짝없이 언어습관을 바꾸는 수밖에 없다. 아이들 앞에서 다짐한 이상 빠져나갈 곳이 없기 때문이다. 아이들에게 새로운 목표를 달성할 수 있도록 도와달라고 요청할 수도 있다. "조금 더 좋은 선생님이 되기 위해서 언어습관을 바꾸려고 해. 여러분이 공부하고 과제를 해야 하는 이유가 마치 선생님 때문인 것처럼, 그러니까 여러분이 마치 선생님을 위해서 공부해야 하는 것처럼 말할 때가 있다는 사실을 깨달았거든. '여러분이 선생님을 위해서 해줘야 할 과제가 여기 있어.'라고 말할 때가 바로 그 예지. 여기서 '선생님을 위해서'라는 말을 그만 쓰려고 노력하고 있어. 혹시 선생님이 그런 말을 하게 되면, 그때마다 좀 알려줄래?" 아이들은 교사가 이렇게 말하면 얼마든지 기꺼이 도와주려고 한다.

이런 전략에는 부수적으로 따라오는 장점들이 있다. 무언가를 연마하기 위해 노력하는 교사의 모습을 아이들에게 보여줄 수 있다는 점이 그 중 하나다. 교사는 이 과정을 아이들 앞에 그대로 내보임으로써, 목표에 도달하기 위해 열심히 노력하고, 힘들지만 포기하지 않고 어려움을 극복하는 모습을 몸소 보여주게 된다. 진정한 배움이 무엇인지를 가르치는 데

'끊임없이 배우고 노력하는 교사'의 모습을 보여주는 것보다 더 좋은 방법이 있을까?

## 자신을 관찰하라

언어습관을 바꾸려고 할 때 가장 어려운 점은 우리의 습관이 대부분 무의식적으로 작동한다는 점이다. 변화가 어려운 이유가 여기에 있다. 게다가 교사는 수업이라는 다른 중요한 일을 하면서 언어습관을 바꾸어야 한다. 수업은 엄청나게 다양한 스킬을 필요로 한다. 상황에 따라 그때그때 집중하고, 주의를 기울이고, 몰입하고, 바꾸고, 적응해야 한다. 수업을 진행하는 동안 이미 인지적인 부담이 상당한데, 언어습관을 의식하고 조정하는 게 어떻게 가능할까?

이때 수업을 녹음하면 도움이 된다. 수업이나 글쓰기 시간, 혹은 그 외 어떤 상황에서든 교사 자신의 언어습관을 직접 들어보고 싶다면 스마트폰이나 태블릿을 이용해서 녹음해보라. 서있는 태도, 얼굴표정, 제스처 등과 같은 몸짓언어까지 확인하고 싶다면 녹화를 해보는 것도 좋다. 음성 녹음장치를 이용해 음성만 녹음할 수도 있다. 녹음하고 있다는 사실을 아는 것만으로도 지금 사용하고 있는 언어에 대해 한층 더 신경 쓰게 될 것이다. 말하는 순간에 언어습관을 바꾸려는 연습도 되고, 발전하는 과정도 알아볼 수 있는 좋은 방법이다. 언어습관이 변화되고 있는지 확인하기 위해 한 달 간 주 1회, 비슷한 시간대에 녹음을 하는 것도 좋다.

## 동료코칭을 시도하라

동료코칭은 전문가로서 성장하는 데 더없이 좋은 전략이지만 아직 많이 시도되지 않는 방법이기도 하다. 논쟁의 여지가 있지만, 나는 이보다 더 확실한 방법을 아직 찾아내지 못했다. 교사가 서로의 수업을 참관하고 실제로 도움이 될 만한 피드백을 주면, 제대로 연습할 기회를 가질 수 있게 된다. 이 책에서 효과적인 동료코칭 방법을 모두 설명하기는 어렵지만, 동료교사의 지지를 활용해 언어습관을 바꾸고자 할 때 참조할 만한 요령을 몇 가지 제시하도록 하겠다.

- 한 가지 또는 두 가지 목표를 잡아 동료에게 알려라. 동료교사에게 목표를 분명히 알려서 여러분의 수업에서 무엇을 지켜보고, 어디에 집중해야 하는지 알 수 있도록 하라. 동료교사는 자신이 보고 들은 모든 것에 대해 피드백을 줘서는 안 된다. 잘못하면 너무 많은 것을 보게 되어 효율적이지 못한 피드백을 줄 수 있기 때문이다.

- 대략 3:1 비율로 피드백을 요청하라. 장점 세 개와 단점 한 개, 또는 장점 여섯 개와 단점 두 개를 말해달라고 부탁하라. 긍정적인 측면도 중요하지만 개선되어야 할 부분을 아는 것도 중요하다. 3:1 비율은 우리가 바꾸고 싶은 부분을 연습하도록 자극을 주면서도 긍정적인 피드백을 받을 수 있도록 해준다.

- 참관과 피드백에 필요한 시간을 짧게 잡아라. 내용이 아무리 긍정적이고 건설적이라 하더라도 너무 많은 피드백은 부담스러울 수 있다. 한 번에 받아들일 수 있는 피드백은 한정돼 있다. 수업 일정상 동료교사가 여러분의 수업을 한 시간 내내 참관할 수도 없다. 동료 간에 참관수업을 계획할 경우 교장, 교무부장 등 관리자급 인사가 수업을 잠시 맡아주는, 좋은 의도를 갖고 그런 제안을 하는 학교가 많이 있지만 실제로는 잘 이뤄지지 않고 있다. 참관하기 전에 동료교사가 목표를 분명히 알 수 있도록 기본사항을 설명해주고, 10-15분 정도 짧게 참관하게 한 다음, 점심시간 또는 수업 직후 3-5분 정도에 걸쳐 피드백을 달라고 하는 것이 좋다.

- 긍정적인 관계를 유지하라. 신뢰할 만한 동료교사에게 참관을 부탁하고, 피드백을 요청하라. 누군가가 내 수업을 참관한다고 생각하면, 특히 새롭거나 어려운 뭔가를 시도하는 수업에 다른 교사가 들어와서 관찰한다고 생각하면 어쩐지 부담스럽고 불안하게 느껴질 수 있다. 이때 신뢰할 만한 교사에게 피드백을 부탁하면 좀 더 편안한 마음으로 건설적인 피드백을 받을 수 있을 것이다.

### 다른 환경에서도 연습하라

새로운 스킬을 배울 때는 그 스킬을 자동화하는 데 많은 시간을 투입하고 반복적으로 연습해야 한다. 즉, 연습에 연습을 거듭해야 한다. 교사의 만족을 강조하는 표현인 "여러분이 ○○하니까 참 좋네!"라는 말을 좀 더 관찰에 근거한 피드백으로 바꾸려고 노력하던 때, 나는 우리 집 고양이를 앞에 놓고 연습하곤 했다. "피터, 새 한 마리를 문 앞에 갖다놨구나!" "소파에서 점프를 했구나, 피터!" 다소 우스워 보일지 모르지만 제법 도움이 됐다.

출퇴근시간을 이용해서 연습할 수도 있다. 한두 개의 표현을 골라 출퇴근시간 자동차 안에서 연습하면서 어조와 표현을 계속해서 반복해보라. 언젠가 나는 뉴햄프셔에서 버지니아로 운전을 해서 간 적이 있다. 버지니아에서 내가 쓴 책에 관해 인터뷰 영상을 촬영하기로 돼 있었다. 질문지를 미리 받았기 때문에 대답을 미리 적은 다음, 핸드폰에 있는 음성메모 앱을 활용해 준비된 답변을 큰 소리로 읽으면서 녹음했다. 그리고는 연습의 일환으로 버지니아로 가는 길 내내 자동차 안에서 녹음된 내 목소리를 듣고 또 들었다. 나중에 현장에 도착해 카메라 앞에 섰을 때, 무척 편안하고 여유로운 느낌이 들어서 놀랐다. 여러분도 이런 식으로 연습해보기를 권한다. 사용하고자 하는 표현을 어조에 주의해가며 녹음한 다음 반복해서 들어보라.

이와 같은 전략은 새로운 스킬을 배울 때 인지적인 부담을 줄이는 데 도움이 된다. 생각할 여유가 있을 때 새로운 언어습관을 연습하면, 거기에 에너지를 더 쓸 수 있기 때문이다. 이렇게 하면 새 언어패턴이 좀 더 쉽게 자동화되어서 나중에 강의식 수업이 아니라 모둠별 활동수업을 할 때와 같이 좀 더 복잡한 상황에서도 새로운 언어표현을 쓸 수 있게 된다.

## 잘할 수 있을 때까지 잘하는 척하기

아마 여러분은 지금까지 이 책을 읽으며 자극을 받기도 했겠지만, 동시에 염려가 되기도 했을 것이다. 어떤 아이디어를 읽고 '나도 한번 바꿔봐야지' 하면서도 아직 확신이 없다는 생각이 들었을 수도 있다. 또, 학생들이 조금 더 자기주도적이었으면 좋겠다고 생각하면서도 '과연 그게 나의 진심일까?' 하고 반문했을 수도 있다. 아이들이 독립적이고 자기주도적이기를 바라는 교사도, 막상 아이들이 무언가에 대해 확인을 받기 위해 자신을 찾아오면 내심 좋아한다. 교사로서의 권위를 인정받는 것이 좋아서다.

언어습관 바꾸기가 어려운 이유 중 하나는 새로운 언어가 자연스럽게 느껴지지 않기 때문이다. '내가 하는 말이 아닌 것 같아!'라고 생각하거나, 민망하고 긴장될 수도 있다. 처음으로 넥타이를 매고 출근하던 때, 그것을 몹시 의식하던 기억이 난다. 교사가 되고 처음 몇 년 간은 상당히 캐주얼하게 반팔 셔츠와 카키색 바지를 주로 입었다. 청바지도 자주 입었다. 날씨가 더울 때는 반바지를 입고 샌들을 신었다. 좀 더 전문성이 느껴지는 복장이라 할 수 있는 정장 바지, 단추가 있는 셔츠, 넥타이로 바꾸기로 결심했을 때, 처음에는 몹시 어색하게 느껴졌다. 하지만 그 어색함은 오래 가지 않았다. 아무리 새로워도 단 몇 주만 지나면 곧 평범하게 느껴지기 마련이다.

어떤 일에 성공하려면 진짜로 잘하게 될 때까지 '잘하고 있는 척'하라는 말을 들어본 적이 있을 것이다. 오랜 시간 잘하는 '척'하면 결국에는 성공하게 된다. 이런 주장을 증명하는 연구는 수없이 많다. 재미있는 연구도 있다. 어느 연구에서 참가자들은 동시다발적으로 수행해야 하는 과제를 부여받았다. 이 과제는 참가자들에게 스트레스를 유발하도록 돼 있었다. 참가자들은 무표정한 얼굴, 전형적인 가짜미소를 띤 얼굴, 눈근육을 사용한 진짜미소를 띤 얼굴 중 하나를 택해 표정을 지은 상태에서 젓가락을 입에 물고 있어야 했다. 이 중 전형적인 가짜미소를 지은 참가자들과 진짜미소를 지은 참가자들 모두 활동 종료 후 심장박동수가 낮게 나왔다(Kraft & Pressman, 2012). 스피드데이트 상황(speed date, 참가자들이 주어진 시간 동안 자리를 옮겨가며 여러 명의 이성과 대화를 나누면서 서로 마음에 드는 상대를 찾는 행사를 말한다-옮긴이)을 살펴본 또 다른 연구도 있다. 실험 결과, 스피드데이트에서 자기 앞에 있는 사람과 사랑에 빠진 척했던 사람들, 즉 말할 때 상대방의 손을 만지거나, 상대방의 눈을 사랑스럽게 응시하거나 속삭인 참가자들은 다음번에도 그 상대를 만나고 싶어 할 가능성이 두 배 더 높았다(Alleyne, 2012). 사랑에 빠진 척하는 행위가 실제로도 로맨틱한 흥미를 촉진시킨다는 것이다.

사회심리학자 에이미 커디(Amy Cuddy)는 몸짓언어의 과학에 관한 다양한 연구를 진행했다. 세간의 눈길을 사로잡은 한 강연(2012)에서 그녀는 몸짓언어가 자기 자신에 대한 느낌을 바꾸기도 한다고 설명했다. 어깨를 뒤로 젖혀 팔을 쭉 뻗고 곧게 서서 강한 기운을 풍기는 포즈로 2분 간 서있으면 테스토스테론(testosterone, 보통 남성호르몬이라고 불리며 테스토르테론 수치가 높아질수록 활력이 커진다-옮긴이) 수치가 올라가고 코티솔(cortisol, 보통 스트레스 호르몬이라고 불리며 코티솔 수치가 높을수록 스트레스가 높아진다-옮긴이) 수치가 낮아진다. 반대로 2분 간 굴복하는 자세, 즉 팔을 굽혀 안으로 넣고 머리를 아래로 향한 채 웅크리고 앉아있으면 테스토스테론 수치가 낮아지고 코티솔 수치가 높아진다. 이처럼 우리가 어떤 행동을 취하느냐에 따라 우리의 감정상태가 달라진다. 커디는 자기 인식을 바꾸는 것에 관한 강력한 메시지로 강연을 마무리했다. 변화를 위해 노력할 때, 우리는 '성공할 때까지'만이 아니라 진정으로 성공을 내면화할 때까지, 즉 나 자신이 변화 그 자체가 될 때까지 '성공한 척하기'를 이어가야 한다는 것이다.

어쩌면 이것이야말로 언어습관 바꾸기에 가장 효과적인 방법인지도 모른다. 우리가 쓰는 언어가 학생들을 위한 선한 의도와 목표에 더 부합할수록, 우리는 각자가 그리는 바람직한 교사의 상 그 자체를 몸소 구현하게 될 것이다.


## 결론

교육현장에는 어려운 당면과제가 산적해 있다. 많은 아이들이 적절한 학습전략을 알지 못한 채, 또 가정환경에서 비롯된 트라우마를 입은 채로 학교에 온다. 학구에서는 표준화시험의 비현실적인 요구사항에 맞추기 위해 낡고 획일화된 교육과정을 맹목적으로 따른다. 그러나 이런 교육과정으로는 교사들이 중요하다고 여기는 가치를 결코 측정할 수 없다는 걸 교사들 자신이 너무도 잘 알고 있다. 학교예산은 계속 줄어들고, 많은 교사들은 행정업무와 진도빼기에 급급해 점점 지쳐간다. 이런 상황은 교사를 실의에 빠트리고, 진짜 변화는 너무 멀리 있다고, 교사가 할 수 있는 일은 없다고 믿게 만든다.

교사의 말을 바꾼다고 해서 위에 열거한 문제들이 해결되지는 않는다. 하지만 교사의 언어는 우리 손에 달려 있는, 우리가 통제할 수 있는 것이다. 교사의 언어를 바꾸는 데는 학교 운영위원회의 승인이나 학구 차원에서 마련된 사전계획이 필요하지 않다. 교사의 언어습관은 한 과목, 한 학년에 한정된 문제가 아니라 전 학년, 전 과목에 걸쳐 영향을 미치는 문제다. 아이들의 학습, 행동, 그리고 학교에서 일어나는 모든 일에 대해 교사가 어떤 방식으로 말하느냐는 아이들이 어떻게 느끼고, 어떻게 학습을 준비하는지에 큰 영향을 끼친다. 교사는 모든 아이들이 배우고, 성장하고, 발전할 수 있는 학습환경을 만들기 위해 작은 것부터 바꾸고 계속해서 노력해야 한다는 사실을 잊지 말자.

# 참고문헌

Alleyne, R. (2012, July 4). Watch out lotharios: Faking romantic feelings can actually lead to the real thing. *The Telegraph*. Retrieved from http://www.telegraph.co.uk/news/science/science-news/9373087/Watch-out-lotharios-Faking-romantic-feelings-can-actually-lead-to-the-real-thing.html

Amemiya, J., & Wang, M. (2018). Why effort praise can backfire in adolescents. Retrieved from https://onlinelibrary.wiley.com/doi/abs/10.1111/cdep.12284

Blatt, M., & Kohlberg, L. (1975). The effects of classroom moral discussion upon children's level of moral judgment. *Journal of Moral Education*, 4(2), 129–161.

Brown, D. (2002). *Becoming a successful urban teacher*. Portsmouth, NH: Heinemann.

Charney, R. (2002). *Teaching children to care: Management in the responsive classroom*. Turners Falls, MA: Northeast Foundation for Children.

Costa, A. L., & Kallick, B. (Eds.). (2008). *Learning and leading with habits of mind: 16 essential characteristics for success*. Alexandria, VA: ASCD.

Crowe, C. (2012). *How to bullyproof your classroom*. Turners Falls, MA: Northeast Foundation for Children.

Cuddy, A. (2012, June). Your body language may shape who you are [Video file]. Retrieved from https://www.ted.com/talks/amy_cuddy_your_body_language_shapes_who_you_are

Deci, E. (1995). *Why we do what we do: Understanding self-motivation*. New York: Penguin Group.

Deci, E., Koestner, R., & Ryan, R. (1999). A meta-analytic review of experiments examining the effects of extrinsic rewards on intrinsic motivation. *Psychological Bulletin,* 125(6), 627–668.

Denton, P. (2007). *The power of our words: Teacher language that helps children learn*. Turners Falls, MA: Northeast Foundation for Children.

Dousis, A. (2007, April 1). What teaching Matthew taught me. *Responsive Classroom Newsletter*. https://www.responsiveclassroom.org/what-teaching-matthew-taught-me/

Duckworth, A. (2016). *Grit: The power of passion and perseverance*. New York: Scribner.

Dweck, C. (2006). *Mindset: The new psychology of success*. New York: Ballantine Books.

Dweck, C. (2016, January 11). Recognizing and overcoming false growth mindset [blog post]. *Edutopia*. Retrieved from https://www.edutopia.org/blog/recognizing-overcoming-false-growth-mindset-carol-dweck

Englander, E., & Schank, K. (2010, October 6). Reducing bullying and cyberbullying: Ten easy tips for educators can help prevent bullying in schools and online. Retrieved from https://www.eschoolnews.com/2010/10/06/reducing-bullying-and-cyberbullying/

Fendick, F. (1990). *The correlation between teacher clarity of communication and student achievement gain: A meta-analysis*. Unpublished doctorate, University of Florida.

Fiarman, S. (2016). Unconscious bias: When good intentions aren't enough. *Educational Leadership,* 74(3), 10–15.

Frizzell, M., Braun, M., Ferguson, M., Rentner, D. S., & Kober, N. (2017, May 31). *Building competencies for careers: Linking O\*NET's occupational elements with deeper learning competencies.* Washington, DC: Center on Education Policy.

Gardner, H. (2011). *Frames of mind: The theory of multiple intelligences.* New York: Basic Books.

Greene, R. W. (2005). *The explosive child: A new approach for understanding and parenting easily frustrated, chronically inflexible children.* New York: HarperCollins.

Halsey, V. (2011). *Brilliance by design: Creating learning experiences that connect, inspire, and engage.* San Francisco, CA: Berrett- Koehler Publishers.

Hattie, J. (2009). *Visible learning: A synthesis of over 800 meta-analyses relating to achievement.* Abingdon, OX: Routledge.

Hattie, J., & Yates, G. (2014). *Visible learning and the science of how we learn.* New York: Routledge.

Himmele, P., & Himmele, W. (2017). *Total participation techniques: Making every student an active learner* (2nd ed.). Alexandria, VA: ASCD.

Jager, W. (2003). Breaking "bad habits": A dynamical perspective on habit formation and change. In L. Hendrickx, W. Jager, & L. Steg (Eds.), *Human decision-making and environmental perception: Understanding and assisting human decision-making in real life settings.* Libor Amicourm for Charles Vlek. Groningen: University of Groningen.

Jensen, E. (1998). *Teaching with the brain in mind.* Alexandria, VA: ASCD.

Jensen, E. (2013). *Engaging students with poverty in mind: Practical strategies for raising achievement.* Alexandria, VA: ASCD.

Johnston, P. (2004). *Choice words: How our language affects children's learning.* Portland, ME: Stenhouse.

Kohlberg, L. (1981). T*he philosophy of moral development: Moral stages and the ideas of justice.* New York: Harper & Row.

Kohli, R., & Solorzano, D. G. (2012). Teachers, please learn our names! Racial microaggressions and the K–12 classroom. *Race Ethnicity and Education, 15*(4), 441–462.

Kohn, A. (1993). *Punished by rewards: The trouble with gold stars, incentive plans, A's, praise, and other bribes.* Boston: Houghton Mifflin.

Kraft, T. L., & Pressman, S. D. (2012). Grin and bear it: the influence of manipulated facial expression on the stress response. *Psychological Science, 23*(11), 1372–1378.

Larraway, S., & Scott, K. (2017). *Radically candid criticism.* Radical Candor Podcast, episode 2. Retrieved from https://www.radicalcandor.com/blog/podcast- episode-2/

LeGuin, U. (1968). *A wizard of Earthsea.* New York: Bantam Books.

LeGuin, U. (1970). *The tombs of Atuan.* New York: Bantam Books.

Lepper, M. R., Greene, D., & Nisbett, R. E. (1973). Undermining children's intrinsic interest with extrinsic reward: A test of the "overjustification" hypothesis. *Journal of Personality and Social Psychology, 28*(1), 129–137. Retrieved from http:// psycnet.apa.org/record/1974-10497-001

Levitt, S., & Dubner, S. (2005). *Freakonomics: A rogue economist explores the hidden side of everything.* New York: HarperCollins.

Marzano, R. (2003). *What works in schools: Translating research into action.* Alexandria, VA: ASCD.

Medina, J. (2014). *Brain rules: 12 principles for surviving and thriving at work, home, and school.*

Seattle, WA: Pear Press.

Navarro, J. (2008). *What everybody is saying: An ex- FBI agent's guide to speed- reading people.* New York: HarperCollins.

Newkirk, T. (2017). *Embarrassment: And the emotional underlife of learning.* Portsmouth, NH: Heinemann.

Northeastern University. (2014). Topline report, telephone survey conducted February 3–19: Business elite national poll, 3rd installment of the innovation imperative polling series.

Ouellette, J. A. & Wood, W. (1998). Habits and intention in everyday life: The multiple processes by which past behavior predicts future behavior. *Psychological Bulletin, 124*(1), 54–74.

Pink, D. (2009). *Drive: The surprising truth about what motivates us.* New York: Riverhead Books.

Pink, D. (2012). *To sell is human: The surprising truth about moving others.* New York: Riverhead Books.

Sarcasm [Def. 1]. (n.d.). In *Merriam- Webster online.* Retrieved from https://www. merriam- webster. com/dictionary/sarcasm

Schneider, W., & Shiff rin, R. M. (1977). Controlled and automatic human information processing: I. Detection, search, and attention. *Psychological Review, 84*(1), 1–66.

Thaler, R. H., & Sunstein, C. R. (2008). *Nudge: Improving decisions about health, wealth, and happiness.* New York: Penguin.

Twain, M. (1876). The adventures of Tom Sawyer. New York: Grosset & Dunlap, Inc. Walker, L. J., & Taylor, J. H. (1991). Family interactions and the development of moral reasoning. *Child Development, 62:* 264–283. *doi:10.1111/j.1467-8624.1991.tb01530.x*

*Walsh, J. A., & Sattes, B. D. (2015). Questioning for classroom discussion: Purposeful speaking, engaged listening, deep thinking.* Alexandria, VA: ASCD.

Willis, J. (2006). *Research-based strategies to ignite student learning: Insights from a neurologist and classroom teacher.* Alexandria, VA: ASCD.

Wormeli, R. (2016). Let's talk about racism in schools. *Educational Leadership, 74*(3), 16–22. Retrieved from http://www.ascd.org/publications/educational-leadership/nov16/vol74/num03/ Let's- Talk-about-Racism-in-Schools.aspx

# 찾아보기

# 교사의 말
10대의 학습과 행동을 변화시키는 교실대화의 기술

2021년  9월 16일 초판 인쇄
2022년 10월 10일 초판 3쇄

**지은이** 마이크 앤더슨
**옮긴이** 이석영, 나은진, 최희진, 정경아, 이지현

**펴낸이** 이찬승
**펴낸곳** 교육을바꾸는책
**편집·마케팅** 고명희, 서이슬, 김지현, 최영인, 나해진
**제작** 류제양
**디자인** 최수정

**출판등록** 2012년 4월 16일 | 제313-2012-114호
**주소** 서울시 마포구 양화로 7길 76 평화빌딩 3층
**전화** 02-320-3600
**팩스** 02-320-3611

**홈페이지** http://21erick.org
**이메일** gyobasa@21erick.org
**유튜브** youtube.com/gyobasa
**포스트** post.naver.com/gyobasa_book
**트위터** twitter.com/GyobasaNPO
**인스타그램** instagram.com/gyobasa

**ISBN** 978-89-97724-12-3 93370